PIPPA MIDDLEHURST

# ASIA NUDELN

## 60 Rezepte mit Ramen, Mie und Co.

Fotografien von India Hobson
Illustrationen von Han Valentine

DK

Für Wren

6 Einleitung

10 Los geht's

12 Nudelsorten

18 Zubehör

21 Vorbereitung und Techniken

22 Einkaufsliste

24 Instant-Nudeln

**29 Supereinfach**
10+ Minuten

**93 Unkompliziert**
20+ Minuten

**145 Minimaler Aufwand**
30+ Minuten

165 Bezugsquellen

166 Weiterlesen

168 Register

174 Danksagung

# Einleitung

Alle, die mich schon länger begleiten, wissen, dass ich Dumplings, Nudeln, Bowls und Suppen liebe – ich kann einfach nicht genug bekommen von den typischen Zutaten, Techniken und Aromen der ost- und südostasiatischen Küche. Seit der Veröffentlichung meiner ersten beiden Kochbücher hat sich in meinem Leben allerdings einiges verändert: Ich habe zwei Kinder bekommen und lebe heute mit einer chronischen Krankheit, was neben verschiedenen anderen großen und kleinen Herausforderungen dafür sorgt, dass ich so gut wie nie richtig Zeit zum Kochen habe – geschweige denn Energie. Ich genieße es zwar immer noch, selbst gemachten Teig zu kneten oder aus Wasser, Aromagebern, Gewürzen und viel Geduld eine köstliche Brühe entstehen zu lassen – aber die Zeiten, in denen das tägliche Rituale waren, sind eindeutig vorbei.

Heute bestimmen Effizienz, Nahrhaftigkeit, möglichst geringer Zeitaufwand und Zweckmäßigkeit meine Küche. Das Gefrierfach wurde mein bester Freund, ich habe entdeckt, wie toll es ist, eine Heißluftfritteuse zu verwenden, und ich bin absolut verrückt nach One-Pot-Gerichten. Minimaler Aufwand und möglichst wenig abwaschen zu müssen sind dabei immer ein Muss, aber im Hinblick auf den Geschmack will ich dennoch keine Kompromisse eingehen!

Und wie könnte das besser klappen als mit den unglaublichen Aromen und den traditionellen Gerichten der ost- und südostasiatischen Küche! Alle Rezepte in diesem Buch sind davon inspiriert, allerdings habe ich sie in der Zeit, in der sie bei uns zu Hause zu echten Klassikern wurden, auch immer wieder weiterentwickelt. Und wenn ich in Eile bin und schnell eine leckere Mahlzeit zubereiten will, kann es schon einmal vorkommen, dass ich einzelne Schritte und Zutaten, die ich nicht habe, weglasse oder sie durch andere beziehungsweise durch Reste, die ich im Kühlschrank finde, ersetze. Derartige Veränderungen gehören zum Alltag einfach dazu – und oft haben sie sich bewährt und wurden feste Bestandteile der jeweiligen Gerichte.

Die traditionellen Gerichte, von denen die meisten Rezepte in diesem Buch inspiriert sind, sind perfekt, so wie sie sind, sie brauchen keine Verbesserungen oder Anpassungen. Und ich möchte Ihnen wärmstens empfehlen, sie alle zu probieren – auch ich bereite sie gern zu, wenn ich die Zeit und die Energie dazu habe. Wenn das hingegen nicht der Fall ist, gibt es zum Glück die Rezepte in diesem Buch: Dabei handelt es sich großteils um vereinfachte, manchmal auch leicht abgewandelte Varianten dieser Klassiker, deren Vorteil vor allem darin besteht, dass sie alltagstauglich sind und sich wirklich im Handumdrehen zubereiten lassen.

Ich bin unglaublich dankbar, dass ich die Möglichkeit hatte, viele der Techniken und Fähigkeiten, mit denen ich heute arbeite, von Köchen, Bloggern und Rezeptentwicklern aus Ost- und Südostasien zu lernen. Ihre Namen finden sich daher auch immer wieder in diesem Buch – etwa weil sie mir Inspirationen für bestimmte Geschmackskombinationen lieferten oder weil man in ihren Büchern und Blogs komplexere, traditionelle Versionen der Rezepte in diesem Buch findet. Darüber hinaus gibt es im Kapitel »Weiterlesen« am Ende dieses Buchs weitere interessante Website- und Buchtipps.

Einige Gerichte heißen auch in diesem Buch wie ihre traditionellen Vorbilder, vor allem wenn meine Version ziemlich nah am Original ist – abgesehen davon, dass sie eben etwas einfacher ist – wie bei meinem Unter-der-Woche-Pad-Thai (siehe Seite 102). Bei anderen Rezepten habe ich mehr Zutaten und Techniken verändert oder vereinfacht, sodass dadurch fast schon neue Gerichte entstanden sind, in den Rezepteinleitungstexten finden sich aber immer wieder Hinweise auf die traditionellen Gerichte, die mich dabei inspiriert haben, wie etwa bei den Nudeln mit Schwarzer-Bohnen-Paste und Pilzen (siehe Seite 111). Und wieder andere Gerichte sind Eigenkreationen, die etwa zu bestimmten Anlässen oder Gegebenheiten entstanden – was sich dann auch in ihren Namen widerspiegelt.

Was aber auf alle Rezepte in diesem Buch zutrifft, ist, dass sie einfach zuzubereiten und – und das ist besonders wichtig! – realistisch sind. Ich verwende dabei häufig TK-Ware und Fertigprodukte wie Dumplings oder Instant-Nudeln, die ich absolut liebe, weil sie alles so wunderbar einfach machen, und die meiner Meinung nach völlig zu Unrecht einen schlechten Ruf genießen. Da heißt es dann, sie enthielten »Chemikalien«, »schädliche E-Zutaten« und »ungesunde Zusatzstoffe« und überhaupt vor allem Zucker, Salz und Fett. Aber das ist oft einfach nicht der Fall! Und es stimmt zwar, dass so gut wie alle Fertigprodukte und länger haltbare Zutaten Zusatzstoffe enthalten, die mit E-Nummern versehen sind, aber es ist ein weitverbreiteter Irrtum, dass diese in jedem Fall schlecht sind: Hinter E 300 versteckt sich eigentlich nur Vitamin C, E 164 ist besser bekannt als Safran, und Beta-Carotin wird als E 160 a angegeben. Das sind alles natürliche Zusatzstoffe, die niemand als schlecht ansehen würde, wenn man statt der E-Nummern einfach die normale Bezeichnung angeben würde!

Das Stigma, das diese Zusatzstoffe und damit auch Fertigprodukte umgibt, ist meiner Meinung nach überholt. Es stimmt, dass nicht alle Fertigprodukte nach denselben hohen Standards zubereitet werden, und einige enthalten tatsächlich weniger gesunde Zutaten, aber mit etwas Knowhow und der richtigen Zubereitung wird selbst aus einem Päckchen simplen Instant-Nudeln eine ausgewogene, leckere Mahlzeit – egal ob für ein schnelles Mittagessen für eine Person oder ein Abendessen für Freunde oder die Familie. Ganz davon abgesehen, dass sich der Geldbeutel freut und sie im Handumdrehen zubereitet sind.

Und dann gibt es noch eine weitere Kategorie von »Fastfood«, die einem dabei helfen kann, einfache Gerichte aufzupeppen: Bei einigen Rezepten in diesem Buch, die sich dafür eignen, finden sich Hinweise zu Komponenten, die man bei (asiatischen) Restaurants bestellen oder als Take-away mitnehmen kann: etwa die typische knusprige Ente, die man unbedingt einfach mitbestellen sollte, wenn man sich zum Beispiel samstags etwas vom Chinesen liefern lässt – denn damit lässt sich am Montagmittag im Handumdrehen ein schnelles Nudelgericht zubereiten! Die Kombination aus Selbstzubereitetem und fertigen Komponenten ist meiner Meinung nach eine tolle Ausgangsbasis für eine gelungene, ausgewogene Mahlzeit.

Darüber hinaus habe ich im Laufe der Zeit auch eine große Begeisterung für spezielle Küchengeräte entwickelt. Ich mag es zwar, wenn meine Küche nicht zu vollgeräumt ist, und auf meine Arbeitsfläche lasse ich wirklich nicht jedes Gerät, aber ich bin schwach geworden und habe mir eine Heißluftfritteuse besorgt. Das ist mir nicht leicht gefallen, weil sie relativ groß ist und sich nicht leicht verstecken lässt und weil derartige Geräte auch einen vergleichbar großen ökologischen Fußabdruck haben. Aber wenn ich ehrlich bin, war die Heißluftfritteuse für mich ein echter Gamechanger: Ich verwende sie wirklich jeden Tag und finde immer wieder neue Anwendungsgebiete für sie. Man kann Zutaten direkt aus dem Kühlschrank und sogar aus dem Gefrierfach darin zubereiten, Reste lassen sich im Handumdrehen aufwärmen, und das Ergebnis ist so gut wie immer perfekt. Eine Heißluftfritteuse ist noch dazu einfach zu reinigen, vergleichsweise energieeffizient, und man kann, während sie läuft, andere Dinge vorbereiten, weil man sie nicht immer im Blick haben muss. Viele der Gerichte in diesem Buch sind mit einer Heißluftfritteuse im Handumdrehen zubereitet – aber keine Sorge, falls Sie keine haben: Es finden sich bei jedem Rezept auch Angaben zur Kochzeit auf dem Herd oder im Backofen.

Und jetzt wünsche ich Ihnen viel Spaß mit meiner persönlichen Sammlung an schnellen, einfachen, leckeren Feelgood-Rezepten. Hier finden Sie die Gerichte, die ich koche, wenn ich nach einem langen Tag nach Hause komme und etwas brauche, das mich nicht nur satt, sondern auch glücklich macht: mit Liebe und Respekt im Handumdrehen zubereitete Nudeln in unzähligen Varianten!

# Los geht's

## Über dieses Buch

Die Rezepte in diesem Buch sind mit einem Fokus auf Einfachheit und den jeweiligen Zeitaufwand angeordnet. Durch die Notwendigkeit, mit möglichst wenig Aufwand zu kochen, habe ich mich in letzter Zeit vor allem mit einer Sache beschäftigt, die ich bei früheren Rezepten im Hinblick auf die Zeitangaben oft nicht so im Blick hatte: Durch viele einzelne Komponenten und Variablen kann es sein, dass die Zubereitung nicht bei allen gleich schnell geht. Daher habe ich mich für dieses Buch dazu entschieden, nur Mindestzubereitungszeiten für die verschiedenen Kapitel anzugeben: von 10+ Minuten über 20+ Minuten bis hin zu 30+ Minuten.

Dabei steigern sich von Kapitel zu Kapitel der Zeit- und der Arbeitsaufwand – allerdings jeweils nur minimal, und zwar von

- **supereinfach** mit simplen Gerichten, die großteils in einer Pfanne zubereitet werden können – wodurch kaum Abwasch anfällt – und die sich perfekt eignen, um Reste aus dem Kühlschrank weiterzuverwerten, über
- **unkompliziert,** wo man etwas mehr vorbereiten und schneiden muss, bis hin zu
- **minimalem Aufwand,** also etwas aufwendigeren Gerichten, bei denen etwa Zutaten mariniert oder im Backofen gegart werden.

Bei allen Rezepten liegt der Fokus dabei aber immer darauf, dass sie möglichst einfach sind und in kürzester Zeit zubereitet werden können.

## Personenanzahl

Für wie viele Personen die Rezepte geeignet sind, variiert – meist ist eine Personenanzahl von zwei oder vier angegeben. Man kann die Rezepte aber natürlich problemlos auch für mehr Personen anpassen, indem man einfach die Zutatenmengen nach Bedarf mit der jeweiligen Anzahl an Personen multiplizieren.

## Zutaten

### CHILISCHOTEN

Wer es nicht allzu scharf mag, sollte bei Chilischoten die Kerne entfernt, so lässt sich die Schärfe reduzieren, gleichzeitig bleibt aber das tolle fruchtige Aroma erhalten. Die Schoten dafür einfach halbieren und die Kerne mit einem Löffel herauskratzen.

### EIER

Wenn nicht anders angegeben, immer Eier der Größe M verwenden.

### SALZ

Wenn nicht anders angegeben, eignet sich für die Rezepte in diesem Buch am besten Meersalz.

## Gläser und Flaschen sterilisieren

Zum Sterilisieren Gläser, Flaschen und Deckel zunächst im Geschirrspüler oder mit heißem Wasser und Spülmittel gründlich waschen, gut ausspülen und abtropfen lassen. Dann alle Teile für 15 Minuten in den auf 120 °C vorgeheizten Backofen stellen, und anschließend die Gläser und Flaschen vorsichtig herausnehmen und noch heiß befüllen.

## Gefrierfachtipps

Für mich hat es sich bewährt, bestimmte Grundzutaten immer im Gefrierfach zu haben – eine Liste von Dingen, die für mich einfach unverzichtbar sind, finden Sie auf Seite 22.

### MEERESFRÜCHTE AUFTAUEN

Bei vielen Rezepten in diesem Buch werden tiefgefrorene Meeresfrüchte verwendet. Bei diesen Zutaten ist es besonders wichtig, sie richtig aufzutauen: am besten in einem verschließbaren Behältnis im Kühlschrank. Außerdem sollte man zusätzlich die Packungsangaben beachten, da die Auftauzeit je nach Zutat und Größe variieren kann. Allgemein sollte man gefrorene Zutaten aber immer lieber zu lange als zu kurz auftauen.

Wenn es einmal schneller gehen soll, kann man die jeweilige Zutat in ein luftdicht verschließbares Behältnis geben und unter fließendem kaltem Wasser auftauen – das beschleunigt den Prozess, ohne dass das Äußere zu schnell erwärmt wird. Alternativ lässt sich Gefrorenes auch in einer Schüssel mit kaltem Wasser auftauen. Dafür die jeweilige Zutat in der verschlossenen Originalverpackung belassen oder in einen Zippbeutel oder ein luftdicht verschließbares Behältnis geben. Eine saubere Schüssel mit kaltem Wasser füllen, das Behältnis hineingeben, sodass es komplett mit Wasser bedeckt ist, und das Wasser alle 30 Minuten erneuern, bis die Zutat aufgetaut ist. Wichtig ist dabei, dass man nie warmes oder gar heißes Wasser verwendet, denn dadurch kann es zu unerwünschtem Bakterienwachstum kommen.

Auch alle anderen Zutaten und besonders rohes Fleisch und Geflügel sollte man immer in einem verschlossenen Behältnis und nie mit direktem Kontakt zu Wasser auftauen, da es sonst sein kann, dass durch das Spritzwasser Bakterien in der Küche verteilt werden und auf die Arbeitsflächen gelangen. Außerdem sollte man das Spülbecken vor und nach dem Auftauen von Lebensmitteln immer säubern und desinfizieren.

## Legende

V · VEGETARISCH

VG · VEGAN

# Nudelsorten

Es gibt eine riesige Bandbreite an verschiedenen Nudeln, die frisch, getrocknet oder tiefgefroren in Supermärkten, Asiamärkten sowie online erhältlich sind. Oft ist die Auswahl fast überwältigend! Einige Nudelsorten kann man für verschiedenste Gerichte verwenden, andere hingegen sind nur für bestimmte Gerichte gut geeignet; manche lassen sich gut durch andere Nudelsorten ersetzen, andere wiederum sind relativ einzigartig – im Folgenden habe ich, wo möglich, Alternativsorten angegeben.

In meinen früheren Büchern ging es viel um die Wissenschaft hinter selbst gemachten Nudeln sowie die wichtigsten Techniken und Rezepte dafür. Hier liegt der Fokus auf fertigen Nudeln, die schnell zubereitet sind und sich gut längere Zeit im Vorratsschrank oder im Gefrierfach halten.

## Eiernudeln

Unter dem Überbegriff Eiernudeln versammelt sich eine Vielzahl an unterschiedlichen Nudelsorten, die im Grunde alle für die Rezepte geeignet sind, in denen als Zutat Eiernudeln angegeben sind. Allerdings gibt es auch hier Unterschiede: Einige sind dick, andere dünn, einige rund, andere flach, und manche enthalten noch nicht einmal echtes Ei! In so gut wie allen Supermärkten findet man heutzutage qualitativ hochwertige getrocknete Eiernudeln, meist gibt es allerdings keine weitere Kategorisierung: Egal ob dick, dünn, rund oder flach, sie werden einfach als Eiernudeln bezeichnet – daher kaufe ich diese Art von Nudeln nicht besonders gern. Wenn in einem Rezept als Zutat Eiernudeln angegeben sind und ich die spezielle Unterart gerade nicht zu Hause habe oder diese nicht konkret angegeben ist, verwende ich meist Lo-Mein-, Yi-Main-, Wantan- oder Yakisoba-Nudeln – oder Spaghetti!

### LO-MEIN-NUDELN

Lo-Mein-Nudeln sind chinesische Nudeln, die frisch, getrocknet, tiefgekühlt oder bereits gedämpft und dadurch sofort weiterverwendbar erhältlich sind. Unter all den verschiedenen Eiernudeln sind sie die am weitesten verbreiteten und die vielseitigsten. Sie sind intensiv gelb und in leicht abweichenden Stärken erhältlich, und man kennt sie als Bestandteil des klassischen Chow Mein sowie der gebratenen Nudeln, die man an unzähligen chinesischen Take-away-Ständen bestellen kann.

Alternative Nudelsorten: mitteldicke Eiernudeln

### YI-MAIN-NUDELN (NUDELN FÜR EIN LANGES LEBEN)

Bei Yi-Main-Nudeln (teilweise auch Yi-Mein- oder E-Fu-Nudeln) handelt es sich um lange Eiernudeln, die traditionell bei chinesischen Festessen anlässlich von Geburtstagen, Hochzeiten und des Mondneujahrs serviert werden und (wie der Beiname verrät) ein langes Leben schenken sollen. Sie sind hellgelb, rund und relativ dick und richtig gekocht noch leicht zäh. Yi-Main-Nudeln sind meist getrocknet in großen, runden Nestern erhältlich und etwas teurer als andere Eiernudeln, da sie qualitativ hochwertige Zutaten enthalten, die Zubereitung etwas länger dauert und sie vor allem zu speziellen Anlässen serviert werden.

Alternative Nudelsorten: dicke Eiernudeln

### WANTAN-NUDELN

Wantan-Nudeln haben ihren Ursprung in der kantonesischen Küche. Sie werden meist frisch verkauft, sind lang, dünn und gekocht leicht zäh und werden hauptsächlich zusammen mit Wantans in Suppe serviert.

Alternative Nudelsorten: dünne Eiernudeln oder Cappellini

# Weizennudeln

## SŌMEN-NUDELN

Diese sehr dünnen, weißen japanischen Nudeln werden aus Weizenmehl zubereitet und meist kalt mit einer Sauce zum Dippen, gebraten oder in heißer Brühe serviert. Hiyamugi ähneln Sōmen-Nudeln von der Textur und der Zubereitung her, sind aber eine Spur dicker. Beide Nudelsorten werden meist getrocknet in Portionen, die durch kleine Papierstreifen zusammengehalten werden, verkauft.

Alternative Nudelsorten: dünne Weizennudeln oder Instant-Nudeln

## RAMEN-NUDELN

Ramen-Nudeln sind rund und meist getrocknet in in sich verschlungenen Nestern erhältlich, teilweise kann man sie aber auch frisch kaufen. Auch diese japanische Nudelsorte wird aus Weizenmehl hergestellt, dazu kommt Lauge, die den Nudeln einen kräftigeren Biss verleiht – das ist wichtig, weil sie meist in heißer Brühe serviert werden und dabei nicht zu weich werden sollten. Durch die Lauge verändern sich die Haftungseigenschaften des Glutens, und das verhindert wiederum, dass die Nudeln matschig werden. Zuhause verwende ich so gut wie immer getrocknete Ramen-Nudeln.

## TAIWANESISCHE NUDELN (MIT DEM MESSER GESCHNITTEN)

Taiwanesische Nudeln sind lange, breite Weizennudeln, die wegen ihres wunderschönen gewellten Randes, der an feine Blätter erinnert, auch »Blütenblattnudeln« genannt werden. Diese spezielle Textur entsteht dadurch, dass sie mit einem Messer geschnitten und nicht maschinell hergestellt werden. Durch den gewellten Rand nehmen sie Saucen und Öle besonders gut auf, wodurch sie besonders für dickere Saucen mit größeren Komponenten, wie etwa Gemüsestücken, geeignet sind – und genau wegen dieser Eigenschaft gehören sie zu meinen absoluten Lieblingsnudelsorten. Außerdem haben sie einen tollen, leicht zähen Biss, der Lust auf mehr macht. Ich verwende meist jene der Marke Maioli.

## UDON-NUDELN

Udon-Nudeln sind dicke, weiße japanische Weizennudeln. Sie sind wunderbar herzhaft, haben einen tollen Biss und eignen sich gut in Kombination mit kräftigen Aromen oder für Suppen. Am liebsten serviere ich sie in einer einfachen, aber geschmacksintensiven Dashi-Brühe. Erhältlich sind sie meist tiefgekühlt, vorgegart oder auch frisch (siehe Seite 165).

Alternative Nudelsorten: dicke Weizennudeln

## Reisnudeln

### HO-FUN-NUDELN (AUCH HO-FAN-NUDELN)

Ho-Fun-Nudeln sind die wichtigste Zutat für das kantonesische Gericht Homestyle Ho Fun mit Rindfleisch (siehe Seite 69). Die breiten, flachen Reisnudeln werden meist frisch verkauft und sind in der Kühltheke vieler Asiamärkte zu finden. Sie sind leicht zäh und nehmen verschiedenste Aromen sehr gut auf. Besonders beliebt sind sie im Süden Chinas, vor allem in Guangzhou, wo sie ihren Ursprung haben. Allgemein sind Reisnudeln im Süden Chinas verbreiteter, weil dort mehr Reis angebaut wird – im Gegensatz zum Norden, wo sich vermehrt Weizenanbaugebiete finden und daher häufiger Weizennudeln zubereitet werden. Ho-Fun-Nudeln muss man nur kurz in heißem Wasser einweichen – und schon kann man sie etwa im Wok anbraten. Einfacher geht es kaum!

Alternative Nudelsorten: breite Reis- oder Pho-Nudeln

### REIS-VERMICELLI

Reis-Vermicelli sind sehr dünne, runde Reisnudeln, die meist getrocknet in Nestern erhältlich sind. Um sie zu garen, werden sie entweder gekocht oder in heißem Wasser eingeweicht. Vermicelli von Kong Moon sind eine gute Wahl.

### BREITE REISNUDELN (STICKS)

Breitere Reisnudeln, sogenannte Sticks, gibt es in verschiedenen Größen, wobei ich meist jene mit einer Breite von fünf Millimetern zu Hause habe, die perfekt für Pad Thai sind. Sie sind getrocknet erhältlich und müssen vor dem Kochen eingeweicht werden – das verhindert, dass sie beim Kochen zusammenkleben.

### PHO-NUDELN

Diese meist als Banh Pho bezeichneten vietnamesischen Reisnudeln sind breit und flach und werden entweder eingeweicht oder gekocht und dann meist in heißer Brühe serviert. Sie sind wunderbar weich und elastisch und haben trotzdem einen angenehmen Biss. Meine Lieblingsmarke ist Bamboo Tree.

Alternative Nudelsorten: thailändische breite Reisnudeln (Sticks)

## Andere Sorten

### MUNGBOHNENNUDELN

Mungbohnennudeln sind ein Klassiker der vietnamesischen Küche und werden oft für Sommerrollen verwendet. Obwohl sie getrocknet ähnlich aussehen, sollte man sie nicht mit Reis-Vermicelli verwechseln, von denen sie sich in Textur, Geschmack und Aussehen deutlich unterscheiden, sobald sie gekocht sind. Mungbohnennudeln werden nicht aus Weizen- oder Reismehl, sondern aus Mungbohnenstärke hergestellt. Ich verwende meist jene von Longkou – aufgrund der praktischen Portionierung in kleinen Päckchen.

### SÜSSKARTOFFELNUDELN

Eine weitere Nudelsorte, die nicht aus Mehl, sondern aus Stärke hergestellt wird, sind Süßkartoffelnudeln, die – wie der Name schon sagt – aus Süßkartoffelstärke bestehen. In Korea werden sie Dangmyeon genannt und unter anderem für das beliebte koreanische Gericht Japchae (siehe Seite 155) verwendet. Sie sind von der Textur her sehr glatt und leicht zäh und haben einen tollen Biss.

## SOBA-NUDELN

Soba-Nudeln sind japanische Buchweizennudeln, die in der traditionellen Herstellung nur sehr wenig bis gar kein Weizenmehl enthalten und damit fast oder ganz glutenfrei sind. Dadurch ist der Teig allerdings etwas schwieriger zu verarbeiten, und sie sind hauptsächlich getrocknet erhältlich. Soba-Nudeln sind mit verschiedenen Weizen- und Buchweizenmehl-Anteilen erhältlich, wobei jene mit mehr Weizenmehl meist billiger sind. Aufgrund des leicht nussige Eigengeschmacks dieser Nudeln sind sie vor allem für simple Gerichte geeignet, bei denen ihr Aroma im Mittelpunkt steht und nicht übertüncht wird. Außerdem lassen sie sich dadurch auch nicht so gut durch andere Nudelsorten ersetzen. Meine Lieblingsmarke ist Akagi.

## YAKISOBA-NUDELN

Bei den auch Mushi Chukamen (»gedämpfte chinesische Nudeln«) genannten Yakisoba-Nudeln handelt es sich um dicke, runde, leicht gelbliche japanische Weizennudeln. Richtig zubereitet, ähneln sie von der Textur – leicht zäh und unglaublich lecker! – an die klassischen Ramen-Nudeln. Trotz ihrer Farbe enthalten sie kein Ei, sie ist vielmehr auf Kansui, sogenanntes Laugenwasser, das die natürliche Gelbfärbung des Weizenmehls unterstreicht, und teilweise auch Farbstoffe zurückzuführen. Yakisoba-Nudeln sind meist vorgekocht erhältlich, man kann sie also direkt in der Pfanne oder im Wok weiterverarbeiten. Gerichte mit diesen Nudeln tragen die Bezeichnung der Nudelart meist auch im Namen, etwa Gemüse-Yakisoba.

Alternative Nudelsorten: mitteldicke Eier- oder Lo-Mein-Nudeln

## SPAGHETTI

Spaghetti? Doch, Sie haben richtig gelesen! Das mag im ersten Moment komisch klingen, denn der Klassiker unter den italienischen Pastasorten wird eigentlich nicht für asiatische Gerichte verwendet, und man findet Spaghetti so gut wie nie als Zutat in asiatischen Rezepten oder Kochbüchern – kein Wunder, schließlich kommen Spaghetti nicht einmal vom selben Kontinent! Aber Nudel ist und bleibt nun einmal Nudel, und so groß sind die Unterschiede eigentlich gar nicht: Wie viele der typischen asiatischen Nudelarten sind auch Spaghetti lang und dünn, bestehen aus Mehl, Wasser und manchmal Ei, werden ganz simpel in heißem Wasser gekocht – und eignen sich tatsächlich hervorragend für asiatisch inspirierte Gerichte! Die klassischen italienischen Spaghetti sind rund und gelb, werden meist aus Hartweizen hergestellt und sind fast immer getrocknet (ohne Ei) erhältlich. Ich verwende am liebsten im Bronzeverfahren hergestellte Spaghetti: Dabei werden die Nudeln durch spezielle Bronzeformen gepresst und erhalten so eine dichtere Struktur und eine raue Oberfläche, die leckere Saucen wunderbar aufnimmt!

Alternative Nudelsorten: Linguine oder mitteldicke Eiernudeln

# Zubehör

Für die Rezepte in diesem Buch braucht man im Grunde kein spezielles Zubehör – aber es gibt ein paar Dinge, mit denen Sie sich das Leben leichter machen können.

## HEISSLUFTFRITTEUSE

Eine Heißluftfritteuse ist nicht nur energie- und zeitsparend – sie backt und gart in etwa der Hälfte der Zeit im Vergleich zum Backofen –, sondern man kommt dabei auch noch mit weniger Fett aus und erzielt dennoch wunderbar knusprige Ergebnisse. Es lohnt sich wirklich, in eines dieser Wundergeräte zu investieren. Ich bin mittlerweile ein echter Fan!

## FEINE KÜCHENREIBE

Eine feine Küchenreibe, etwa von Microplane, erlaubt es, Knoblauch und Ingwer, also jene Zutaten, die man für so gut wie jedes Rezept in diesem Buch braucht, im Handumdrehen zu reiben.

## LEBENSMITTELECHTE EINWEGHANDSCHUHE

Einweghandschuhe sind praktisch, wenn man Nudeln mit den Händen mit Dressings oder Saucen mischen möchte – so kommt die Haut nicht mit Chili oder Gewürzen in Kontakt.

## GROSSE, TIEFE (RAMEN-) SCHÜSSELN

Man braucht zwar keine speziellen Ramen-Schüsseln, um meine leckeren Nudelsuppen zu löffeln – aber zumindest groß und tief sollten sie sein, damit beim Schlürfen langer Nudeln in heißer Brühe nichts danebengeht.

## MESSLÖFFEL

Messlöffel sind toll, um Gewürze und Saucen zu portionieren – und sie sind genormt, das heißt, hier bekommt man wirklich einen Ess- oder Teelöffel, wie sie in diesen Rezepten angeben sind (normales Besteck kann dahingehend leicht variieren). Und das ist hier besonders wichtig, um die richtige, unwiderstehlich leckere Balance aus süß, sauer, salzig und scharf zu erzielen!

## SCHWERE BESCHICHTETE PFANNE ODER WOK

Fast alle Gerichte in diesem Buch werden in einer großen, schweren beschichteten Pfanne oder im Wok zubereitet – weil es darin einfach besonders schnell geht! Am besten wählt man eine Pfanne, die sich gut reinigen lässt, aus einem Material, bei dem sich die Hitze schnell und gleichmäßig verteilt.

# Vorbereitung und Techniken

Die Rezepte in diesem Buch funktionieren nach einfachen Grundprinzipien und Techniken – und sobald man diese einmal verinnerlicht hat, kann man nach Lust und Laune improvisieren!

### VORBEREITUNG IST DAS A UND O

Wenn das Kochen schnell und einfach gehen soll, ist das Wichtigste die richtige Vorbereitung. Das heißt, bevor man Pfanne oder Wok erhitzt, sollte man alle notwendigen Zutaten bereits parat haben. Knoblauch und Ingwer sollten also gerieben und Gemüse sowie andere Zutaten wenn nötig geschält und geschnitten sein. Zum Kochen von Nudeln und Eiern sowie zum Blanchieren von Gemüse sollte man außerdem gleich zu Beginn einen Topf mit Wasser aufsetzen und dieses zum Kochen bringen – wenn es bei uns zu Hause Zeit fürs Abendessen wird, setze ich immer als Allererstes einen Topf mit Wasser auf, während ich die übrigen Zutaten vorbereite! Zutaten für Saucen sollte man in einem Krug oder einer Schüssel vermischen, sodass man sie dann nur noch in die Pfanne oder den Wok gießen muss. Und dann kann es eigentlich auch schon losgehen! Man kann diese Schritte auch bereits im Vorhinein erledigen und mit dem Kochen beginnen, wenn die Gäste da sind oder man eben so weit ist.

### DIE REIHENFOLGE MACHT'S

Dann ist es wichtig, in welcher Reihenfolge die Zutaten in die Pfanne oder den Wok kommen. Ich gebe immer zunächst Öl, dann Aromageber und schließlich proteinhaltige Zutaten und faserhaltiges Gemüse hinein, also Zutaten, die etwas länger gegart werden müssen. Dann folgen Gemüse, das noch knackig sein soll, sowie Nudeln und Sauce. Zum Schluss nimmt man die Pfanne vom Herd und gibt frische Zutaten wie Frühlingszwiebeln oder Kräuter dazu.

### WIE MAN VERHINDERT, DASS NUDELN ZUSAMMENKLEBEN

Auch die Nudeln kann man meist gut im Vorhinein kochen und abschrecken. Apropos Abschrecken: Das ist für mich ein absolutes Muss! Ich werde so oft gefragt, wie man verhindert, dass Nudeln nach dem Kochen zusammenkleben, und Abschrecken ist die Lösung! Warum? Das hängt mit der überschüssigen Stärke an der Oberfläche der Nudeln zusammen. Sobald die Stärkemoleküle erhitzt werden, saugen sie sich mit Wasser voll, bis sie platzen und Glukose freigesetzt wird. Dabei kommt es zur sogenannten Verkleisterung – und die Nudeln kleben zusammen. Durch Abschrecken unter kaltem Wasser wird diese klebrige Stärke einfach weggespült, und die Nudeln bleiben zudem schön elastisch, was besonders wichtig ist, wenn man sie in der Pfanne oder im Wok anbraten möchte.

## Wok Hei

Wok Hei bezeichnet das einzigartige Aroma, das beim Kochen im Wok bei großer Hitze auf einem Gasbrenner entsteht. Die Kochbuchautorin Grace Young prägte dafür die treffende Übersetzung »Atem des Wok«.

Traditionell wird der Wok, der meist aus sehr dünnem Karbonstahl besteht, der die Hitze gut speichert, auf einem Gasbrenner auf über 400 °C erhitzt. Dann kommen die Zutaten hinein und werden geschwenkt, wodurch sie mit den Seitenwänden des Wok in Kontakt kommen. Da sich Öle und Saucen am Boden sammeln, sind die Seitenwände trocken und unglaublich heiß, und die Zutaten werden hier besonders scharf angebraten. Und genau das haucht ihnen dieses einzigartige, unglaublich rauchige Aroma ein – oder eben Wok Hei!

# Einkaufsliste

Wie bereits erwähnt, ist der Schlüssel zu schnellen, einfachen und leckeren Gerichten Planung und Vorbereitung – was auch bedeutet, ein paar Grundzutaten immer im Vorratsschrank, im Kühlschrank beziehungsweise im Gefrierfach zu haben. Das verschafft einem einen Heimvorteil, durch den man für so gut wie jedes Szenario gerüstet ist! Hier sind meine absoluten Must-haves sowie nützliche Tipps zu einzelnen Zutaten.

## Vorratsschrank

- Ahornsirup
- chinesische dunkle Sojasauce
- chinesische getrocknete rote Chilischoten
- chinesische helle Sojasauce
- chinesische Sesampaste
- Chinkiang (schwarzer Reisessig)
- Demerara-Zucker
- Doubanjiang (fermentierte Chili-Bohnen-Paste)
- feiner Rohrzucker – alternativ eignet sich auch normaler Zucker
- frittierter Knoblauch
- frittierte Zwiebeln
- Furikake (japanische Gewürzmischung)
- gemahlene Szechuan-Chiliflocken
- geröstete Nori-Blätter
- geröstetes Sesamöl
- getrocknete Shiitake-Pilze
- getrocknete Mu-Err-Pilze
- Gochugaru (koreanisches Chilipulver/Chiliflocken)
- Gochujang (koreanische rote Chilipaste)
- Hoisin-Sauce
- Hähnchen-Suppenpulver
- Ingwer – bei eingelegtem Ingwer die Flüssigkeit keinesfalls wegschütten, sondern unbedingt weiterverwerten!
- japanische Currywürfel (etwas von Golden Mountain oder Java Curry, online erhältlich)
- japanische Sojasauce
- Kimchi (ich verwende am liebsten den von Chongga, online erhältlich)
- Knoblauch
- Knoblauchsalz (ich verwende gern das Roasted Garlic Salt von Cornish Sea Salt, online erhältlich)
- Mirin
- neutrales Öl – etwa Raps-, Erdnuss-, Pflanzen- oder Sonnenblumenöl
- Pilz-Suppenpulver – etwa von Totole (online erhältlich); die meisten Suppenpulver enthalten Mononatriumglutamat, einen Geschmacksverstärker, der für zusätzliche Umami-Aromen sorgt!
- Salt & Pepper Seasoning von KMC (online erhältlich)
- Sambal Oelek
- Schalottensauce (ich verwende die von Bull Head)
- Shaoxing-Reiswein

- Sojabohnensauce
- Speisestärke
- Sriracha-Sauce
- Szechuan-Chili-Öl oder Lao-Man-Ga-Crispy-Chili-Öl
- Szechuan-Pfefferkörner – ich empfehle die Variante Da Hong Pao
- thailändische Austernsauce
- thailändische dunkle Sojasauce
- thailändische Gewürzsauce
- thailändische helle Sojasauce
- vegetarische Wok-Sauce mit Pilzen
- weiße Misopaste
- XO-Sauce (ich verwende die von Two Hots Asians)
- Ya Cai (eingelegtes Senfgrün aus Szechuan)
- Zwiebeln

## Kühlschrank

- Eier (M)
- Frühlingszwiebeln
- Knochenbrühe
- Pak Choi
- Spicy Tofu von TofuKing (online erhältlich)

## Gefrierfach

- Dim-Sum (meine Lieblingsmarke ist Royal Gourmet, die zu der beliebten chinesischen Restaurantkette Royal China gehört. Halten Sie Ausschau nach einem guten chinesischen Restaurant in Ihrer Umgebung, das seine Produkte tiefgekühlt anbietet)
- Dumplings (meine Lieblingsmarke ist Freshasia, online erhältlich)
- Fisch- oder Garnelenbällchen
- Riesengarnelen – ich kaufe Riesengarnelen immer geschält und entdarmt und lasse sie unter fließendem kaltem Wasser auftauen
- Rindfleischbällchen
- Tintenfischringe
- Wantans – TK-Wantans sind perfekt als Snack für zwischendurch oder für eine schnelle Variante der berühmten kantonesischen Wantan-Nudelsuppe! (ich verwende die Wantans von Royal Gourmet)

# Instant-Nudeln

Ich liebe Instant-Nudeln – vor allem weil sie sich im Handumdrehen nach Lust und Laune aufpeppen lassen. Das Tolle dabei ist: Man braucht nicht mehr als ein Päckchen Instant-Nudeln, ein paar frische Zutaten und etwas Know-how, und schon kann es losgehen.

Mit einer breiten Auswahl an Instant-Nudeln, einem klug gefüllten Kühlschrank und Gefrierfach sowie dem Wissen, was sich gut womit kombinieren lässt, sind die Möglichkeiten so gut wie unendlich. Und wenn man plötzlich einen Heißhunger auf Nudeln entwickelt, lassen sich alle Gelüste im Handumdrehen befriedigen!

Im Folgenden finden Sie Anregungen, womit ich meine Lieblings-Instant-Nudeln besonders gern kombiniere. Weil Schnelligkeit in der Natur von Instant-Nudeln liegt, lassen sich alle so entstehenden Gerichte in weniger als 15 Minuten zubereiten – und Sie können nach Herzenslust experimentieren.

Werfen Sie einfach einen Blick auf die Tabelle rechts und kombinieren Sie die verschiedenen Zutaten ganz nach Geschmack und Bedarf. Auf der folgenden Doppelseite finden Sie zwei Beispielgerichte, die sich so zubereiten lassen. Dabei verwende ich meist nur einen Topf mit heißem Wasser, um die Nudeln und die anderen Zutaten zu kochen oder zu blanchieren – entweder gleichzeitig oder nacheinander. Dann kommen die Instant-Nudel-Gewürzmischungen nach Packungsangabe in die Schüssel, gefolgt von den anderen Zutaten – und schon kann man loslöffeln! Falls es sich bei den Instant-Nudel-Päckchen um Suppen handelt, verwende ich zum Aufgießen in der Schüssel frisches heißes Wasser aus dem Wasserkocher und nicht das, in dem ich zuvor die Nudeln und die anderen Zutaten gekocht oder blanchiert habe.

## VORRATSSCHRANK

- frittierter Knoblauch
- frittierte Zwiebeln
- eingelegte Gurken
- Szechuan-Chili-Öl oder Lao-Gan-Ma-Crispy-Chili-Öl
- Frühstücksfleisch
- geröstete Nori-Blätter
- Ya Cai (eingelegtes Senfgrün aus Szechuan)

## KÜHLSCHRANK

- Sojasprossen
- Krabben-/Meeresfrüchtesticks (Surimi)
- Koriander
- Gurke
- in Stücke geschnittener Kimchi
- Eier
- grünes (Blatt-) Gemüse wie Choi Sum, Zucchini, wilder Brokkoli oder Pak Choi
- Pilze – ich mag am liebsten Shimeji- und Enoki-Pilze
- Brathähnchen
- Frühlingszwiebeln
- Tofu-Puffs (frittierte Tofuwürfel)

## GEFRIERFACH

- Rindfleischbällchen
- chinesische Fischküchlein
- Fisch- oder Garnelenbällchen
- Dumplings (etwa von Freshasia)
- Riesengarnelen
- Tintenfischringe
- Unagi

## INSTANT-NUDELN

- Baijia Shanxi
- Indomie Mi Goreng
- Indomie Mi Goreng Rendang
- Kiki Noodles Spring Onion (Scallion)
- Mom's Dry Noodle Dan Dan
- Mom's Dry Noodle Sour and Spicy
- Mykuali Penang White Curry
- Nongshim Neoguri
- Nongshim Shin Ramyun
- Prima Taste Chilli Crab
- Prima Taste Laksa

# Scharfe Nudelsuppe mit Meeresfrüchten

**3 TK-Garnelen**



**3 TK-Tintenfischringe**



**3 TK-Fischbällchen**

**Penang-White-Curry-Instant-Nudeln (z. B. von Mykuali)**

**1 kleine Handvoll Blattgemüse, z. B. Choi Sum oder Pak Choi**

**1 kleine Handvoll Sojasprossen**

**Penang-White-Curry-Gewürzmischung**

**1 Frühlingszwiebel, fein gehackt**

Einen Topf mit Wasser füllen, dieses zum Kochen bringen und einen Timer auf 5 Minuten stellen. Garnelen, Tintenfischringe und Fischbällchen dazugeben und 2 Minuten garen (dabei darauf achten, ob auf den Packungen spezielle Hinweise zur gefrorenen Verarbeitung angegeben sind). Die Instant-Nudeln dazugeben und 2 Minuten mitkochen. Dann das Blattgemüse dazugeben und 30 Sekunden blanchieren. Schließlich die Sojasprossen dazugeben und ebenfalls 30 Sekunden blanchieren. Den Topf von der Hitze nehmen, Garnelen, Tintenfischringe, Fischbällchen und Gemüse mit einem Schaumlöffel herausnehmen und kurz beiseitestellen. Die Nudeln abgießen. Die Gewürzmischung in eine tiefe Schüssel geben, mit 350 ml frischem heißem Wasser aufgießen und gut umrühren. Schließlich zuerst die Nudeln und dann Garnelen, Tintenfischringe, Fischbällchen und Gemüse hineingeben und die Suppe mit gehackten Frühlingszwiebeln bestreut sofort servieren.

# Mehr-davon-Nudeln

Einen Topf mit Wasser füllen und dieses zum Kochen bringen. Instant-Nudeln, Blattgemüse und Shimeji-Pilze hineingeben und 3 Minuten kochen. In der Zwischenzeit das Ei mit etwas Öl in eine Pfanne geben und anbraten (ich mag es, wenn das Eigelb noch flüssig ist!). Die Gewürzmischung in eine tiefe Schüssel geben. Nudeln, Gemüse und Pilze mit einem Schaumlöffel herausnehmen, in die Schüssel geben und gut verrühren, bis sich die Gewürzmischung gleichmäßig verteilt hat. Die Nudeln mit frittierten Zwiebeln und gehackten Frühlingszwiebeln bestreuen, das Hähnchenfleisch und das Spiegelei daraufgeben und sofort servieren.

**Mi-Goreng-Instant-Nudeln (z. B. von Indomie)**

**1 kleine Handvoll Blattgemüse, z. B. Choi Sum oder Pak Choi**

**1 kleine Handvoll Shimeji-Pilze**

**1 Ei**

**Mi-Goreng-Gewürzmischung**

**1 EL frittierte Zwiebeln**

**1 Frühlingszwiebel, fein gehackt**

**1 Handvoll in Stücke geschnittenes Brathähnchen-/gebratenes Hähnchenfleisch**

# Super einfach

## 10+ MINUTEN

# Szechuan-Sesamnudeln

FÜR 2 PERSONEN · VG

- 2 EL chinesische Sesampaste
- 1 TL Erdnussbutter
- 2 EL helle Sojasauce
- 1 EL Szechuan-Chili-Öl oder Lao-Gan-Ma-Crispy-Chili-Öl
- 1 EL Chinkiang (schwarzer Reisessig)
- 1 TL feiner Rohrzucker
- 1 TL geröstetes Sesamöl
- ½ TL Pilz-Suppenpulver
- 2 Nester frische Weizennudeln
- 1 Frühlingszwiebel, in feine Ringe geschnitten
- ¼ Gurke, in feine Stifte geschnitten

**Die klassischen chinesischen Sesamnudeln wirken auf den ersten Blick supereinfach, aber es braucht doch etwas Erfahrung und Gespür, bis sie genau so schmecken, wie sie schmecken sollten. Den Unterschied macht dabei die Sesampaste: Sie muss qualitativ absolut hochwertig sein! Die mit Abstand besten Sesamnudeln habe ich im Restaurant Ji Gai He in der Ji'an-Lu-Straße in Schanghai gegessen. Seit mich meine Freundin, die ehemalige Restaurantkritikerin Betty Richardson (@bettyshanghai auf Instagram), einmal dorthin mitgenommen hat, gehen sie mir einfach nicht mehr aus dem Kopf: Die Nudeln waren superlang und hatten den perfekten Biss, die Sauce war seidig-weich, wunderbar nussig und unglaublich lecker, und serviert wurden sie bestreut mit frischen Frühlingszwiebeln. Eigentlich ziemlich simpel, aber es war absolute Perfektion!**

**Im Original enthält die Sauce keine Erdnussbutter, aber ich mag das intensiv nussige Aroma, das sie den Nudeln verleiht. Für eine traditionellere Variante kann man sie natürlich einfach weglassen. Die Sesamnudeln können warm oder kalt serviert werden.**

**1** Sesampaste, Erdnussbutter, helle Sojasauce, Chili-Öl, Chinkiang, Zucker, Sesamöl, Suppenpulver und 4 EL heißes Wasser in eine große Schüssel geben und gut verrühren. Die Sesampaste ist relativ dick und kompakt, daher kann es etwas dauern, bis eine cremige Sauce entsteht. Alternativ kann man die Zutaten auch im Standmixer pürieren – aber Vorsicht: Das heiße Wasser kann spritzen!

**2** Die Nudeln nach Packungsangabe kochen, bis sie al dente sind. Die fertigen Nudeln abgießen und unter fließendem kaltem Wasser abschrecken, dabei die Nudeln mit den Fingern vorsichtig zerteilen, damit sie nicht zusammenkleben. Falls sie kalt serviert werden sollen, die Nudeln 3–4 Minuten unter fließendem kaltem Wasser abschrecken. Die Nudeln in die Schüssel mit der Sauce geben und alles gut vermischen, bis die Nudeln komplett mit Sauce überzogen sind. Die fertigen Sesamnudeln in Servierschüsseln geben – und unbedingt auch die in der Schüssel zurückbleibende Sauce darauf verteilen! Frühlingszwiebeln und Gurken auf den Nudeln verteilen und das Chili-Öl zum Beträufeln dazu reichen.

# Nudeln mit Riesengarnelen und XO-Butter-Sauce

FÜR 2 PERSONEN

- 120 g Spaghetti oder 2 Nester Eiernudeln
- 2 EL gesalzene Butter
- 2 EL XO-Sauce
- 1 EL helle Sojasauce
- ½ EL dunkle Sojasauce
- 2 TL feiner Rohrzucker
- 10 Riesengarnelen, aufgetaut, falls gefroren
- 200 g Pak Choi, in Blätter zerteilt

**XO-Sauce ist eine asiatische Würzpaste aus getrockneten Meeresfrüchten, luftgetrocknetem Schinken und Aromagebern wie Knoblauch und Chili – anders gesagt: eine absolut süchtig machende Kombination aus leckeren, salzigen Umami-Aromen! In Hongkong, wo diese Sauce ihren Ursprung hat, steht XO für Luxus, was kein Wunder ist, wenn man bedenkt, dass getrocknete Meeresfrüchte relativ teuer sind. Ein Glas qualitativ hochwertige XO-Sauce kann da schon einmal sechs Euro und mehr kosten, aber das ist sie eindeutig wert. Man kann sie pur zu Reis servieren oder wie hier als Basis für leckere Saucen verwenden. Meine Freundin Ana Da Costa hat ein kleines Unternehmen namens Two Hot Asians, das eine tolle XO-Sauce herstellt. Sie trocknet die Jakobsmuscheln dafür selbst – und das Ergebnis ist einfach unglaublich!**

**XO-Sauce wird wie hier oft mit Garnelen kombiniert, sollten Sie aber gerade keine zur Hand haben, eignet sich auch Fleisch oder Fisch wunderbar. Im Grunde ist das alles aber auch gar nicht so wichtig, denn der Star dieses Gerichts ist ganz klar die Sauce!**

1. Einen Topf mit Wasser füllen, dieses salzen und zum Kochen bringen. Die Nudeln hineingeben und nach Packungsangabe kochen. Die fertigen Nudeln abgießen und etwa 1 Minute unter fließendem kaltem Wasser abschrecken, dabei die Nudeln mit den Fingern vorsichtig zerteilen, damit sie nicht zusammenkleben.

2. In der Zwischenzeit die Butter in ein tiefe, schwere beschichtete Pfanne geben und zerlassen. XO-Sauce, helle und dunkle Sojasauce, Zucker sowie 4 EL Nudelwasser dazugeben und unter Rühren zum Köcheln bringen, bis sich der Zucker aufgelöst hat. Garnelen und Pak Choi dazugeben und 4–5 Minuten in der Sauce garen, bis die Garnelen rosa sind und der Pak Choi zusammenfällt. Die Pfanne von der Hitze nehmen, die Nudeln dazugeben, alles gut vermischen, bis die Nudeln komplett mit Sauce überzogen sind, und dann sofort servieren.

# Gebratene Nudeln mit Kimchi und Honig

FÜR 2 PERSONEN · V

2 Nester dicke Weizennudeln
1 EL neutrales Öl
2 Knoblauchzehen, gerieben
½ Karotte, gerieben
100 g Kimchi, in Stücke geschnitten, mit Flüssigkeit
1 EL Gochujang
1 TL Gochugaru
1 EL helle Sojasauce
1½ EL flüssiger Honig
1 Frühlingszwiebel, in feine Würfel geschnitten
1 EL gerösteter Sesam

**Koreanisches Kimchi ist eine unglaublich tolle Zutat: Es ist nicht nur sehr gesund (durch die Fermentation werden die guten Bakterien in unserer Darmflora unterstützt), sondern auch vielseitig (man kann es roh essen oder als Zutat für unzählige Gericht verwenden), es schmeckt einfach großartig, und es wird besser, je länger es im Kühlschrank durchzieht. Mein Lieblingskimchi ist der von Chongga, den man im Kühlregal von vielen Asiamärkten sowie online findet. Für dieses Gericht verwende ich meist die Variante mit geschnittenem Chinakohl (Mat Kimchi), alternativ eignet sich aber auch Tongbaechu Kimchi mit ganzen Kohlblättern oder eine der unzähligen anderen Kimchi-Varianten, wie etwa Yeolmu Kimchi mit Sommerrettich.**

**In der Joseon-Dynastie war Honig eine teure Zutat, die der Oberschicht vorbehalten war. Bis heute steht Honig in Südkorea daher für Luxus. Er wird klassisch als Süßungsmittel, aber auch als Aromageber für herzhafte koreanische Gerichte verwendet, etwa Heoni-beoteochikin, frittiertes Honig-Butter-Hähnchen. Besonders beliebt ist die Kombination aus scharfem Kimchi oder Gochujang und süßem Honig: ein toller Kontrast, nach dem ich regelrecht süchtig bin!**

**1** Die Nudeln nach Packungsangabe kochen, bis sie al dente sind. Die fertigen Nudeln abgießen und unter fließendem kaltem Wasser abschrecken, dabei die Nudeln mit den Fingern vorsichtig zerteilen, damit sie nicht zusammenkleben.

**2** Das Öl in eine schwere beschichtete Pfanne geben und bei mittlerer Temperatur erhitzen. Den Knoblauch hineingeben und etwa 30 Sekunden anbraten, bis es herrlich zu duften beginnt. Die Karotten dazugeben und unter Rühren etwa 1 Minute anbraten, bis sie beginnen, weich zu werden. Kimchi sowie etwaige Flüssigkeit dazugeben und unter Rühren etwa 1 Minute erhitzen, bis die Flüssigkeit köchelt. Gochujang, Gochugaru, helle Sojasauce und Honig dazugeben und alles gut verrühren.

**3** Die Nudeln in die Pfanne geben und alles gut vermischen, bis die Nudeln komplett mit Sauce überzogen sind. Die fertigen Nudeln mit Frühlingszwiebeln und geröstetem Sesam bestreuen und sofort servieren.

# Nudeln mit Tomatenrührei

FÜR 2 PERSONEN · V

1 EL neutrales Öl
3 Eier, verquirlt
2 Frühlingszwiebeln, in dicke Ringe geschnitten
2 große Knoblauchzehen, zerdrückt oder gerieben
250 g sehr reife Strauchtomaten, in Würfel geschnitten
¼ TL Meersalz
2 TL feiner Rohrzucker
2 EL Shaoxing-Reiswein
2 Nester frische oder getrocknete dicke Weizennudeln
1 TL geröstetes Sesamöl
¼ TL frisch gemahlener schwarzer Pfeffer

**Chinesisches Tomatenrührei, besser bekannt als Jia Chang Cai, ist ein schnelles, einfaches vegetarisches Gericht und ein echter Klassiker, den so gut wie jede Familie nach ihrem eigenen Rezept zubereitet. Ich mag am liebsten die Version des Foodjournalisten und Fotografen Wei Guo – ich habe sein Tomatenrührei schon unzählige Male zubereitet, und das Beste daran ist, dass man dafür nur drei Zutaten braucht. Tomatenrührei wird meist mit Reis oder als Beilage serviert, aber richtig geraten: Es schmeckt auch toll mit Nudeln!**

**Wichtig ist dabei, dass die Tomaten sehr reif und saftig sind, am besten schmeckt dieses Gericht daher, wenn man sie im Sommer frisch aus dem Garten oder vom Bauernmarkt holt. Dasselbe gilt für die Eier: Am besten verwendet man qualitativ hochwertige Bio-Eier. Gerade wenn vergleichsweise wenige Zutaten zum Einsatz kommen, macht die Qualität nämlich ganz klar den Unterschied!**

**1** Die Hälfte des Öls in eine schwere beschichtete Pfanne oder einen Wok geben und bei mittlerer Temperatur erhitzen. Die Eier hineingeben und unter Rühren stocken lassen – das Rührei darf gern noch sehr weich sein. Das Rührei aus der Pfanne nehmen und kurz beiseitestellen.

**2** Die Pfanne sauberwischen, das restliche Öl hineingeben und erhitzen. Frühlingszwiebeln und Knoblauch hineingeben und etwa 30 Sekunden unter Rühren anbraten, bis es herrlich zu duften beginnt. Die Tomaten dazugeben, mit Salz und Zucker würzen, unter Rühren etwa 1 Minute anbraten und dann mit Reiswein ablöschen. Den Reiswein etwa 1 Minute verkochen lassen, dann 100 ml Wasser dazugeben und die Mischung etwa 5 Minuten sanft köcheln lassen, bis die Tomaten sehr weich sind und eine cremige Sauce entsteht.

**3** In der Zwischenzeit die Nudeln nach Packungsangabe kochen. Die fertigen Nudeln abgießen und unter fließendem kaltem Wasser abschrecken, dabei die Nudeln mit den Fingern vorsichtig zerteilen, damit sie nicht zusammenkleben. Die Nudeln auf zwei Schüsseln verteilen, jeweils die Hälfte des Sesamöls dazugeben und gut unterrühren.

**4** Das Rührei zur Tomatensauce geben, gut verrühren und mit Pfeffer abschmecken. Das Tomatenrührei über die Nudeln geben und sofort servieren.

# Knoblauch-Butter-Miso-Nudeln

FÜR 2 PERSONEN · V

- 120 g Spaghetti oder 2 Nester dicke Lo-Mein-Eiernudeln
- 1 EL weiße Misopaste
- 2 TL Mirin
- 1 TL dunkle Sojasauce
- 2 TL helle Sojasauce
- ½ TL feiner Rohrzucker
- 2 EL Butter
- 4 Knoblauchzehen, fein gerieben
- 1 Frühlingszwiebel, fein gehackt

**Ich liebe Butter, und ich liebe Misopaste. Wie Sie sich wahrscheinlich schon denken können, bin ich ein großer Fan von allem, das herzhaft und salzig schmeckt, und Butter und Misopaste sind Zutaten, die genau das erfüllen. Dann noch etwas Knoblauch – und ich bin im Nudelhimmel!**

1. Einen Topf mit Wasser füllen und dieses zum Kochen bringen. Die Nudeln hineingeben und al dente kochen.

2. In der Zwischenzeit Misopaste, Mirin, dunkle und helle Sojasauce und Zucker in einen Krug geben und gut verrühren. Eine schwere beschichtete Pfanne bei mittlerer Temperatur heiß werden lassen. Butter und Knoblauch hineingeben und den Knoblauch etwa 30 Sekunden anbraten, bis es herrlich zu duften beginnt. Die Miso-Mischung und einige Esslöffel Nudelwasser dazugeben, gut verrühren, bis eine glatte Sauce entsteht, und dann die Hitze reduzieren.

3. Die fertigen Nudeln mit einer Nudelzange direkt aus dem Kochwasser in die Pfanne mit der Knoblauch-Butter-Miso-Sauce geben und alles gut vermischen, bis die Nudeln komplett mit Sauce überzogen sind, dabei wenn nötig noch etwas Nudelwasser dazugeben, falls die Sauce zu dick wirkt. Die Frühlingszwiebeln dazugeben, gut unterrühren und die Nudeln dann sofort servieren.

# Spicy-Tofu-Nudeln

FÜR 4 PERSONEN · V

4 Nester Soba-Nudeln
200 g grüne Bohnen, geputzt und halbiert
230 g Spicy Tofu von TofuKing
2 EL helle Sojasauce
2 EL Chinkiang (schwarzer Reisessig)
2 Frühlingszwiebeln, in Ringe geschnitten
4 Spiegeleier (optional)

**Spicy Tofu von TofuKing war für mich eine echte Offenbarung: Er ist herrlich scharf und unglaublich lecker – so lecker, dass ich locker eine ganze Packung einfach so wegnaschen könnte. Noch besser wird es dann eigentlich nur noch in Kombination mit Nudeln!**

**Spicy Tofu ist in guten Asiamärkten vakuumverpackt in der Kühltheke oder online erhältlich. Er besteht aus gepresstem, relativ festem Tofu, der von der Textur her an Seitan erinnert – leicht zäh und unglaublich schmackhaft, fast wie Fleisch! – und mit den üblichen Verdächtigen (unter anderem Chili-Öl, Knoblauch und Zucker) mariniert wird. Die Marinade ergibt ganz nebenbei auch eine tolle Nudelsauce, und das Beste daran ist: Alles lässt sich in einer Pfanne zubereiten, sodass man danach nicht noch ewig in der Küche steht, weil man unzählige Pfannen und Töpfe abspülen muss. Ich gebe auf die fertigen Nudeln gern noch ein Spiegelei, für eine vegane Version kann man darauf aber natürlich einfach verzichten.**

1 Einen großen Topf mit Wasser füllen und dieses zum Kochen bringen. Soba-Nudeln und Bohnen hineingeben und etwa 4 Minuten kochen.

2 In der Zwischenzeit mit einem Messer ein Loch in die Tofuverpackung stechen und den Tofu 45 Sekunden in der Mikrowelle erhitzen. Alternativ den Tofu aus der Packung nehmen und unter Rühren etwa 5 Minuten in der Pfanne anbraten.

3 Die fertigen Nudeln abgießen und unter fließendem kaltem Wasser abschrecken, dabei die Nudeln mit den Fingern vorsichtig zerteilen, damit sie nicht zusammenkleben. Die Nudeln wieder in den Topf geben und den Tofu inklusive der Marinade dazugeben (Vorsicht beim Öffnen der Verpackung, falls Sie den Tofu in der Mikrowelle erhitzt haben: Dabei kann heißer Dampf entweichen!). Schließlich Sojasauce, Chinkiang und Frühlingszwiebeln dazugeben, alles gut vermischen und die fertigen Nudeln nach Wunsch mit einem Spiegelei pro Person servieren.

# Taiwanesische Nudeln mit Schalottensauce

FÜR 2 PERSONEN

2 EL Schalottensauce von Bull Head
2 TL Hähnchen-Suppenpulver
2 EL helle Sojasauce
1 TL dunkle Sojasauce
1 EL Chinkiang (schwarzer Reisessig)
1 TL Szechuan-Chiliflocken oder Gochugaru
¼ TL frisch gemahlener schwarzer Pfeffer
2 Nester taiwanesische Nudeln
2 Frühlingszwiebeln, fein gehackt
1 EL frittierte Zwiebeln

**Taiwanesische Schalottensauce ist eine herzhafte Würzsauce – und so lecker, dass man sie auch pur auf Toast essen könnte (was ich tatsächlich hin und wieder tue!). Sie wird traditionell vor allem zu Reis oder als Sauce zum Dippen serviert, sorgt im Handumdrehen für eine ordentliche Portion Umami-Aromen und schmeckt, als hätte man Schalotten so lange in Butter karamellisiert, bis sie wunderbar klebrig-sämig und irre lecker sind. Und genau das ist diese Sauce im Grunde auch, nur dass sie praktischerweise fertig im Vorratsschrank auf ihren Einsatz wartet. Ich verwende am liebsten die Schalottensauce von Bull Head.**

**Für dieses Gericht muss man eigentlich nur die Zutaten für die Sauce vermischen und die Nudeln kochen – aber im Hinblick auf den Geschmack sollte man sich durch die schnelle Zubereitung nicht täuschen lassen: Er ist nicht von dieser Welt!**

1 Schalottensauce, Suppenpulver, helle und dunkle Sojasauce, Chinkiang, Chiliflocken oder Gochugaru und Pfeffer in eine große Schüssel geben und gut verrühren.

2 Die Nudeln nach Packungsangabe kochen, dann mit einer Nudelzange direkt aus dem Kochwasser in die Schüssel mit der Sauce geben und alles gut vermischen, bis die Nudeln komplett mit Sauce überzogen sind. Die fertigen Nudeln mit Frühlingszwiebeln und frittierten Zwiebeln bestreuen und sofort servieren.

# Soba-Nudeln mit Makrelen

FÜR 2 PERSONEN

- 2 Nester getrocknete Soba-Nudeln
- 1 Handvoll TK-Erbsen
- 1 EL helle Sojasauce
- 1 TL geröstetes Sesamöl
- 1 TL Ahornsirup
- ¼ TL frisch gemahlener schwarzer Pfeffer
- 1 Dose in Öl oder Wasser eingelegte Makrelenfilets (à 80 g)
- 2 Frühlingszwiebeln, in feine Ringe geschnitten
- 1 EL Furikake

**Eingelegte Makrelen erinnern mich immer an meine Kindheit. Ich sehe es vor mir, als wäre es gestern gewesen: wie mein Vater in der Unterhose im Badezimmer saß und eingelegte Makrelen direkt aus der Dose aß und wie ich zu seinen Füßen darauf wartete, dass er mir nach jedem Bissen mit einem wissenden Lächeln eine Gabel mit einem köstlichen Fischhappen vor den Mund hielt. In einträchtiger Stille aßen wir so die ganze Dose leer – und ich hatte dabei das Gefühl, etwas ganz Spezielles mit meinem Vater zu teilen. Unser Geheimritual. Ein besonderer Moment der Ruhe, an dem mich mein Vater teilhaben ließ.**

**Ich habe nicht viele Erinnerungen an das Zusammenleben mit meinem Vater, da sich meine Eltern trennten, als ich drei war. In dieser Erinnerung muss er also gerade einmal 25 oder 26 und ich zwei Jahre alt gewesen sein. Für mich war er einfach mein Vater, ein erwachsener Mann, der für mich verantwortlich war. Erst heute, wo ich selbst eine Mutter in ihren Dreißigern bin, wird mir klar, wie jung er und meine Mutter waren und wie schwierig es für sie gewesen sein muss, in diesem Alter drei Kinder großzuziehen – es war nicht immer einfach, aber sie haben ihr Bestes gegeben. Und ich weiß auch, wie selten solche Momente der Ruhe sind, wenn man Kinder hat. Wie selten man einmal fünf Minuten nur für sich hat, um in Ruhe zu essen.**

**Wenn ich heute mit dem Wissen über das ganze Drumherum auf diesen jungen Mann zurückblicke – dann wird mir klar, wie wertvoll dieser Moment war. Wie wertvoll das Leben ist. Und wie verrückt es ist, dass eine Dose Makrelen solche Gefühle hervorrufen kann!**

**Soba-Nudeln mit Fisch ist ein Klassiker der japanischen Küche. Nishin Soba werden mit Hering serviert, Zaru Soba – kalte Soba-Nudeln – hingegen oft mit gegrillter Makrele (Saba No Shioyaki).**

1. Einen Topf mit Wasser füllen, dieses zum Kochen bringen, die Soba-Nudeln und die Erbsen hineingeben und die Soba-Nudeln nach Packungsangabe kochen (meist etwa 4 Minuten).
2. In der Zwischenzeit helle Sojasauce, Sesamöl, Ahornsirup und Pfeffer in einen Krug geben und gut verrühren. Das Wasser oder Öl der Makrelenfilets abgießen.
3. Die fertigen Nudeln und die Erbsen abgießen und wieder in den Topf geben. Die Makrelenfilets mit einer Gabel zerteilen und dazugeben, dann die Frühlingszwiebeln und die Sauce darüber verteilen. Alles gut vermischen und die fertigen Nudeln mit Furikake bestreut servieren.

# Mitternachtsnudeln mit Dumplings

FÜR 1 PERSON

- 4 TK-Dumplings (nach Geschmack)
- 1 Nest getrocknete Ramen-Nudeln
- 1 kleine Handvoll grünes (Blatt-) Gemüse (z. B. wilder Brokkoli, Choi Sum, Pak Choi, Zuckererbsenschoten)
- 1 EL helle Sojasauce
- 1 TL Kecap Manis (süße Sojasauce)
- 1 TL Szechuan-Chili-Öl oder Lao-Gan-Ma-Crispy-Chili-Öl
- 1 TL Ahornsirup
- 1 TL frittierter Knoblauch

**Wenn ich nicht schlafen kann, plötzlich Hunger bekomme und etwas brauche, das ich schnell und ohne viel Vorbereitung, Zutatenschneiden und Aufwand in einer Pfanne zubereiten kann, dann mache ich mir diese von mir genau deshalb so getauften Mitternachtsnudeln: Sie sind genau die Sorte von Gericht, für das man sich spätabends oder nachts noch kurz in die Küche schleicht und bei dem man im Handumdrehen mit einer heißen, dampfenden Schüssel voller Glück wieder zurück ins Bett schlüpft. Aber keine Sorge: Sie schmecken trotz ihres Namens auch tagsüber sehr lecker.**

**Meine Lieblingsmarke für Tiefkühl-Dumplings ist Freshasia. Man findet sie im Gefrierfach im Asiamarkt oder online, und es gibt sie in allen möglichen Geschmacksrichtungen. Meine Lieblingssorten sind die mit Garnelen und Mais und die mit Lamm und Kreuzkümmel.**

1. Einen Topf mit Wasser füllen, dieses zum Kochen bringen und die gefrorenen Dumplings hineingeben. Die Dumplings etwa 2 Minuten kochen, dann die Nudeln und das Gemüse dazugeben und die Nudeln nach Packungsangabe kochen.

2. Dumplings, Nudeln und Gemüse abgießen und in eine große (Ramen-) Schüssel geben.

3. Helle Sojasauce, Kecap Manis, Chili-Öl und Ahornsirup in einen Krug geben und gut verrühren. Die Sauce über die Nudeln gießen, alles gut vermischen, bis die Nudeln komplett mit Sauce überzogen sind, mit frittiertem Knoblauch bestreuen und dann wieder ins Bett krabbeln und genießen!

# Filmabend-Ramen

FÜR 2 PERSONEN

- 1 Ei
- 2 Nester Sōmen- oder getrocknete oder frische dünne Weizennudeln
- 500 ml Hähnchen-Knochenbrühe oder Hähnchenbrühe
- 1 TL Hähnchen-Suppenpulver
- 2 TL geröstetes Sesamöl
- 2 EL helle Sojasauce
- 1 TL Demerara-Zucker
- 160 g in dicke Scheiben geschnittener Schinken
- 2 Frühlingszwiebeln, in Ringe geschnitten

**_Ponyo_ ist ein Animationsfilm von Studio Ghibli, der mir immer sofort gute Laune macht – genauso wie meiner Tochter Peggy, die ihn zu einem ihrer Lieblingsfilme auserkoren hat. Im Grunde ist der Film Hayao Miyazakis Interpretation der _Kleinen Meerjungfrau_ vermischt mit modernen Themen wie Umweltverschmutzung. Und wie bei Studio-Ghibli-Filmen üblich ist er voller wunderschöner Bilder.**

**Der Film handelt von Ponyo, die aus ihrem eigentlichen Zuhause, dem Ozean, an Land kommt. Dort wachsen ihr plötzlich Beine, sie freundet sich mit einem Menschenkind an, und in einer Szene bekommt sie eine dampfende Schüssel mit Ramen-Nudeln, Schinken und gekochtem Ei serviert. Es ist das erste Mal, dass Ponyo Ramen isst, und die Szene fängt ihre kindliche Begeisterung wunderbar ein – Ponyo liebt vor allem den Schinken!**

**Dieses Gericht ist meine Hommage an diese wunderschöne Szene. Ich bereite es nach dem Prinzip einfacher Ramen zu, und wie bei den meisten eher simplen Gerichten stehen hier die einzelnen Zutaten im Mittelpunkt, daher ist es besonders wichtig, dass sie qualitativ hochwertig sind. Das gilt besonders für die Hähnchen-Knochenbrühe: Sie schmeckt am besten selbst gemacht, wenn man sie kauft (was ich auch sehr oft tue), sollte man darauf achten, dass es sich um echte Knochenbrühe mit einem hohen Fettanteil handelt.**

1. Einen Topf mit Wasser füllen, dieses zum Kochen bringen und das Ei hineingeben. Einen Timer auf 6 Minuten und 45 Sekunden stellen und die Nudeln so dazugeben, dass die auf der Packung angegebene Kochzeit mit der auf dem Timer verbleibenden Zeit übereinstimmt. Wenn der Timer abgelaufen ist, die Nudeln und das Ei abgießen und unter fließendem kaltem Wasser abschrecken. Das Ei kurz abkühlen lassen, dann schälen und vorsichtig halbieren.

2. In der Zwischenzeit die Knochenbrühe in einen Topf geben und erhitzen.

3. Zwei Schüsseln bereitstellen. In jede ½ TL Suppenpulver, 1 TL Sesamöl, 1 EL helle Sojasauce, ½ TL Zucker und die Hälfte der heißen Knochenbrühe geben und gut verrühren.

4. Die Nudeln, den Schinken, die Eierhälften und die Frühlingszwiebeln auf die Schüsseln verteilen, einige Minuten warten, bis der Schinken durch die heiße Brühe warm ist, und dann sofort servieren.

# Goldene Nudelsuppe

FÜR 2 PERSONEN

100 g Ingwer, geschält
100 g Kurkuma, geschält
600 ml Gemüse- oder Hähnchenbrühe
2 EL helle Sojasauce
2 TL Demerara-Zucker
1 EL geröstetes Sesamöl
1 Handvoll TK-Erbsen
1 Handvoll Blattkohl, Weißkohl, Grünkohl oder Palmkohl, in feine Streifen geschnitten
100 g Shimeji-Pilze
2 Nester Reis-Vermicelli
1 kleine Handvoll Koriander, grob gehackt
1 kleine Handvoll Schnittlauch, grob gehackt
1 kleine Handvoll in Stücke geschnittenes Brathähnchenfleisch (optional)

**Immer wenn ich überarbeitet bin oder mich müde und erschöpft fühle, gönne ich mir einen Shot kalt gepressten Ingwer-Kurkuma-Saft, und schon geht es mir im Handumdrehen besser. Das herrlich scharfe Aroma des Ingwers sorgt verlässlich dafür, dass ich mich wie neugeboren fühle – und genau dieses Gefühl wollte ich mit diesem Gericht nachkreieren.**

**Für dieses Rezept ist es essenziell, frische Kurkuma zu verwenden, wenn Sie keine bekommen, lassen Sie die Kurkuma am besten einfach weg, Kurkumapulver ist einfach nicht dasselbe. Für eine vegane Variante auf das Hähnchenfleisch verzichten und keine Hähnchen-, sondern Gemüsebrühe verwenden.**

1 Ingwer, Kurkuma und 2 EL Wasser im Standmixer zu einer Paste pürieren. Die Paste durch ein feines Sieb oder ein mit einem Passiertuch ausgelegtes Sieb streichen und den Saft in einem Topf auffangen. Gemüse- oder Hähnchenbrühe dazugeben und bei mittlerer Temperatur erhitzen. Helle Sojasauce, Zucker und Sesamöl dazugeben, alles gut verrühren und nach Wunsch abschmecken.

2 In der Zwischenzeit einen Topf mit Wasser füllen, dieses zum Kochen bringen, Erbsen, Kohl und Pilze hineingeben und 1–2 Minuten blanchieren, bis das Gemüse weich ist, aber noch intensiv grün leuchtet und die Pilze gar sind. Herausnehmen und die Nudeln im selben Topf nach Packungsangabe kochen.

3 Nudeln, Gemüse und Pilze auf zwei tiefe Schüsseln verteilen, mit der heißen Suppe übergießen, mit Koriander und Schnittlauch bestreuen, falls verwendet das Hähnchenfleisch darauf verteilen und sofort servieren.

# One-Pot-Kimchi-Ramen

FÜR 2 PERSONEN

- 2 Wiener Würstchen (optional)
- 1 EL neutrales Öl
- 2 Knoblauchzehen, gerieben oder zerdrückt
- 80 g in Stücke geschnittener Kimchi
- 1 EL Gochujang
- 2 TL Gochugaru
- 600 ml Hähnchen- oder Gemüsebrühe
- 1 EL helle Sojasauce
- 2 TL Ahornsirup
- 1 TL geröstetes Sesamöl
- ½ TL Hähnchen- oder Pilz-Suppenpulver
- 2 Nester Ramen-Nudeln
- 2 Eigelb
- 1 Frühlingszwiebel, in feine Ringe geschnitten

**Sie haben noch nie Würstchentintenfische gegessen? Diese One-Pot-Ramen sind die perfekte Gelegenheit, um das zu ändern!**

**Instant-Ramen werden auf Koreanisch »ramyun« genannt und sind in Südkorea äußerst beliebt. Ausgehend vom japanischen Original hat sich eine Vielzahl an eigenständigen Varianten entwickelt – zu den beliebtesten koreanischen Instant-Nudeln gehören etwa Nongshim Shin Ramyun und Samyang Buldak Spicy Korean Ramyun.**

**Die One-Pot-Methode, bei der Zutaten nach und nach in einem Topf angebraten und dann etwa wie hier in Suppe gegart werden, kommt auch beim südkoreanischen Klassiker Budae Jjigae zum Einsatz. Der Name heißt übersetzt so viel wie »Militärstützpunkt-Eintopf« und geht auf den Ursprung des Gerichts auf US-Stützpunkten nach dem Koreakrieg zurück. Typische haltbare amerikanische Lebensmittel wie Frühstücksfleisch, Baked Beans und Scheiblettenkäse werden dabei mit klassischen koreanischen Zutaten wie Gochujang, Kimchi und Ramyun-Nudeln kombiniert – und das Beste daran? Man muss hinterher nur einen Topf abwaschen!**

1. Falls verwendet die Wiener Würstchen halbieren und von der Schnittseite her kreuzweise etwa bis zur Mitte einschneiden, sodass es aussieht, als hätten sie vier kleine Tentakel.
2. Das Öl in einen schweren Topf oder einen Schmortopf geben und bei mittlerer Temperatur erhitzen. Den Knoblauch hineingeben und unter Rühren etwa 30 Sekunden anbraten, dann den Kimchi dazugeben und weitere 30 Sekunden anbraten. Gochujang und Gochugaru dazugeben, alles gut verrühren und eine weitere Minute anbraten. Schließlich Hähnchen- oder Gemüsebrühe, helle Sojasauce, Ahornsirup, Sesamöl und Suppenpulver dazugeben und alles gut verrühren.
3. Die Suppe zum Köcheln bringen, die Nudeln und falls verwendet die Würstchentintenfische hineingeben und abgedeckt 2–3 Minuten köcheln lassen, bis die Nudel beginnen, weich zu werden. Gut umrühren, um sicherzugehen, dass die Nudeln komplett mit Suppe bedeckt sind, und weitere 2 Minuten köcheln lassen.
4. Kimchi, Nudeln und Suppe auf zwei Schüsseln verteilen, je zwei Würstchentintenfische und ein Eigelb daraufgeben und mit Frühlingszwiebeln bestreut sofort servieren.

# Kalte scharfe koreanische Nudeln

FÜR 2 PERSONEN

- 1 Ei
- 2 Nester Sömen- oder dünne Weizennudeln
- 300 g in Stücke geschnittener Kimchi mit Flüssigkeit
- 3 EL Gochujang
- 2 EL Ahornsirup
- 1 EL helle Sojasauce
- 2 TL geröstetes Sesamöl
- 2 TL Gochugaru
- 2 Knoblauchzehen, zerdrückt oder gerieben
- ½ Gurke, Kerngehäuse entfernt und in feine Stifte geschnitten
- 1 EL gerösteter Sesam
- 1 Nori-Blatt (optional)

**Bibim Guksu ist ein koreanisches Gericht aus kalten Weizennudeln in scharfer Sauce, die mit knackig-frischen Gurken und einem gekochten Ei serviert werden. Für mich ist es das perfekte Gericht für heiße Sommertage, weil es wunderbar erfrischend ist. In Korea ist man überzeugt, dass scharfes Essen genau das Richtige ist, um sich Abkühlung zu verschaffen, da man dabei so richtig ins Schwitzen kommt und dadurch der natürliche Abkühlungsmechanismus des Körpers angeregt wird. Oder anders gesagt: Man bekämpft einfach Feuer mit Feuer!**

**1** Einen Topf mit Wasser füllen, dieses zum Kochen bringen und das Ei hineingeben. Einen Timer auf 7 Minuten stellen und die Nudeln so dazugeben, dass die auf der Packung angegebene Kochzeit mit der auf dem Timer verbleibenden Zeit übereinstimmt. Wenn der Timer abgelaufen ist, die Nudeln und das Ei abgießen und unter fließendem kaltem Wasser abschrecken, bis die Nudeln komplett kalt sind. Das Ei schälen und vorsichtig halbieren.

**2** 200 g in Stücke geschnittenen Kimchi inklusive Flüssigkeit, Gochujang, Ahornsirup, helle Sojasauce, Sesamöl, Gochugaru und Knoblauch in eine große Schüssel geben und gut verrühren. Die Nudeln dazugeben und alles gut vermischen (am besten mit den Händen – dabei aber unbedingt lebensmittelechte Einweghandschuhe verwenden!).

**3** Die Nudeln und die Sauce auf zwei Schüsseln verteilen und jeweils etwas Gurke, ein halbes Ei, etwas gerösteten Sesam und den restlichen Kimchi daraufgeben. Falls verwendet die Nori-Blätter mit einer Küchenschere in feine Streifen schneiden und auf den Nudeln verteilen. Die fertigen Nudeln bei Zimmertemperatur servieren.

# Einfache Sesam-Soba-Nudeln

FÜR 4 PERSONEN

4 Nester getrocknete Soba-Nudeln
1 kleine Karotte, gerieben
3 Frühlingszwiebeln, in feine Ringe geschnitten
2 EL chinesische Sesampaste oder Tahin
2 EL helle Sojasauce
1 EL Chinkiang (schwarzer Reisessig)
1 EL Ahornsirup
1 EL geröstetes Sesamöl
½ TL Pilz-Suppenpulver
300–400 g Brathähnchenfleisch, in Stücke geschnitten (optional)
1 EL gerösteter Sesam
1 EL Furikake
2 EL Szechuan-Chili-Öl oder Lao-Gan-Ma-Crispy-Chili-Öl (optional)

**Ich bereite diese japanisch inspirierte Nudelsauce oft auf Vorrat zu (dafür einfach die Zutatenangaben mal zwei oder vier nehmen), in einem sterilisierten Glas hält sie sich im Kühlschrank bis zu zwei Wochen. Dazu kombiniere ich am liebsten Soba-Nudeln von Akagi, die in nur vier Minuten fertig sind. So habe ich, wenn ich Hunger habe, aber nicht viel Zeit zum Kochen, mit diesen beiden Komponenten im Handumdrehen ein leckeres Gericht auf dem Tisch. Ich gebe zudem gern noch etwas übriges Brathähnchenfleisch dazu, das dieses Gericht etwas reichhaltiger macht – alternativ eignet sich dafür auch Rinder- oder Schweinefleisch. Lässt man das Fleisch hingegen weg, erhält man eine vegane Variante.**

1. Die Nudeln nach Packungsangabe kochen und dann unter fließendem kaltem Wasser abschrecken, bis sie komplett kalt sind. Nudeln, Karotten und Frühlingszwiebeln in eine große Schüssel geben und gut vermischen.

2. Sesampaste, helle Sojasauce, Chinkiang, Ahornsirup, Sesamöl, Suppenpulver und 5 EL heißes Wasser im Standmixer oder in einem Krug mit einem Stabmixer zu einer glatten Sauce pürieren. Die Sauce über den Nudeln und dem Gemüse verteilen, falls verwendet das Hähnchenfleisch dazugeben und alles mit den Händen (dabei unbedingt lebensmittelechte Einweghandschuhe verwenden) oder einer Nudelzange vermischen.

3. Die Nudeln auf vier Schüsseln verteilen, mit geröstetem Sesam und Furikake bestreuen und bei Zimmertemperatur servieren. Für einen Extra-Geschmackskick sorgt Chili-Öl – am besten reicht man es separat dazu, sodass es sich jeder nach Wunsch über seine Nudeln träufeln kann.

# Schnelle Gemüse-Yakisoba

FÜR 2 PERSONEN

2 Nester frische Yakisoba-Nudeln
2 EL neutrales Öl
½ Zwiebel, in Ringe geschnitten
½ große Karotten, fein gerieben
½ kleiner Spitz- oder Chinakohl, in Streifen geschnitten
6 frische Shiitake-Pilze oder Champignons, in Scheiben geschnitten
½ rote Paprika, in Streifen geschnitten
2 Frühlingszwiebeln, fein gehackt

**Für die Sauce**
5 EL Yakisoba-Sauce oder:

3 EL japanische Worcestershire-Sauce (ich verwende am liebsten die von Bulldog)
1 EL helle Sojasauce
1 TL dunkle Sojasauce
1 EL feiner Rohrzucker
2 EL Austernsauce
¼ TL Meersalz
2 EL Ketchup
1 TL geröstetes Sesamöl

**Zum Servieren (optional)**
1 EL Nori-Pulver
2 TL eingelegter Ingwer

**Yakisoba bedeutet übersetzt schlicht gebratene Nudeln – von »yaki« für »über direkter Hitze gegart« und »soba« für »Nudeln«. Traditionell werden Yakisoba in Teppanyaki-Restaurants serviert, wo man etwa auch Okonomiyaki bekommt, dicke, auf dem namensgebenden Teppan (einer großen, flachen Stahlplatte) gebratene japanische Pfannkuchen, die oft auch als Streetfood erhältlich sind.**

**Auch in japanischen Konibini sind Yakisoba ein Klassiker: In den kleinen, rund um die Uhr geöffneten Lebensmittelgeschäften gibt es oft Sitzmöglichkeiten drinnen und draußen und die Möglichkeit, die erhältlichen fertigen Gerichte aufzuwärmen sowie Getränke zu kühlen. Von Onigiri über Bento-Boxen, Sandwiches und Instant-Nudeln bis hin zu Oden ist die Auswahl schier unglaublich. Und in so gut wie jedem 7-Eleven kann man Yakisoba-Pan kaufen, Yakisoba in einem Hotdog-Brötchen. Die besten Yakisoba gibt es meiner Meinung nach im Teppanyaki-Restaurant Manmaru No Tsuki in Kioto – aber meine Begeisterung für dieses Gericht begann viel früher: als ich mit 14 mit meiner besten Freundin Gemüse-Yakisoba in einem Running-Buffet-Restaurant in Manchester aß – und mich schlagartig verliebte.**

**Am besten bereitet man dieses Gericht mit fertiger Yakisoba-Sauce (etwa von Otafuku) zu, sollten Sie die nicht bekommen, finden Sie hier aber auch Mengenangaben für eine selbst gemachte Version.**

1 Falls Sie die Sauce selbst machen, alle Zutaten dafür in einen Krug geben und gut verrühren. Die Yakisoba-Nudeln in ein Sieb geben.

2 Das Öl in der größten schweren beschichteten Pfanne, die Sie haben, oder noch besser auf einer Edelstahl-Plancha bei mittlerer Temperatur erhitzen. Zwiebeln, Karotten und Spitz- oder Chinakohl hinein beziehungsweise daraufgeben und unter Rühren etwa 2–3 Minuten und dann weitere 1–2 Minuten ohne Rühren anbraten, bis das Gemüse schön Farbe angenommen hat. Pilze und Paprika dazugeben und unter Rühren weitere 2–3 Minuten anbraten.

3 Die Yakisoba-Nudeln mit heißem Wasser (aus dem Wasserkocher) übergießen und mit einer Nudelzange vorsichtig zerteilen. Die Yakisoba-Nudeln zum Gemüse geben und alles gut vermischen. Die Sauce dazugeben, gut unterrühren und etwa 2 Minuten erhitzen. Die Pfanne von der Hitze nehmen, Frühlingszwiebeln sowie falls verwendet Nori-Pulver und eingelegten Ingwer darüber verteilen und dann sofort servieren.

# Mazemen mit Chicken Nuggets

FÜR 2 PERSONEN

8 Chicken Nuggets
1 Ei (oder 2, wenn der Hunger groß ist!)
¼ japanischer Currywürfel (ich verwende am liebsten die von Java Curry)
1 EL Butter
200 ml Hähnchenbrühe
2 Nester Ramen-Nudeln
4 EL Mais (aus der Dose)
1 Frühlingszwiebel, in feine Ringe geschnitten
1 EL Furikake

ANMERKUNG
Für dieses Rezept habe ich (mit voller Absicht) als Mengenangabe 8 Nuggets gewählt. Holen Sie sich am besten einfach eine 9er-Box von unserem gutem Freund Ronald und gönnen Sie sich das neunte als Belohnung – Sie haben es sich ganz sicher verdient!

**Wer mich kennt, weiß, dass ich ein großer Fan der Fastfood-Kette mit dem berühmten gelben M bin. Ich liebe vor allem die Chicken Nuggets: Sie sind für mich der Inbegriff von Comfort-Food! Als ich vor dem ersten Lockdown 2020 hörte, dass die Restaurants schließen würden, machte ich mich sofort auf den Weg, kaufte zwei 20er-Packungen Chicken Nuggets und gab sie ins Gefrierfach. Sie lassen sich überraschend gut wieder aufwärmen, vor allem in der Heißluftfritteuse, und während des Lockdowns habe ich mit diesen Nuggets alle möglichen Experimente angestellt: Unter anderem wurden daraus Chicken-Nugget-Bánh-mì – und diese Nudeln.**

**Mazemen ist japanisch und heißt so viel wie »gemischte Nudeln«. Meist werden sie mit ähnlichen Toppings und Zutaten wie Ramen serviert – etwa Schweinefleisch, Ei, Mu-Err-Pilze und Bambussprossen –, aber ohne Brühe. Hier habe ich Mazemen mit Chicken Nuggets und einer Currysauce aus einem japanischen Currywürfel (ein absolutes Must-have in jedem Vorratsschrank!) kombiniert.**

1 Sie müssen die Nuggets nicht noch einmal erhitzen, wenn Sie sie frisch vom Fastfood-Restaurant Ihrer Wahl mitgenommen haben – falls Sie TK-Nuggets verwenden, diese nach Packungsangabe zubereiten.

2 In der Zwischenzeit den Wasserkocher mit Wasser füllen und dieses zum Kochen bringen. Einen Topf zu drei Vierteln mit dem heißen Wasser füllen, auf den Herd stellen und weitererhitzen. Wenn das Wasser kocht, das Ei hineingeben und einen Timer auf 6 Minuten und 45 Sekunden stellen.

3 Den Currywürfel, die Butter und die Hähnchenbrühe in einen zweiten Topf geben und erhitzen, dabei mit einer Gabel umrühren, bis sich der Currywürfel aufgelöst hat.

4 Wenn der Timer noch 2 Minuten anzeigt (oder nach Packungsangabe), die Ramen-Nudeln in den Topf mit dem Ei geben und kochen. Wenn der Timer abgelaufen ist, die Nudeln und das Ei abgießen und etwa 1 Minute unter fließendem kaltem Wasser abschrecken. Das Ei herausnehmen und schälen. Den Mais in eine kleine Schüssel geben und etwa 20 Sekunden in der Mikrowelle erhitzen oder etwa 1 Minute mit den Nudeln kochen.

5 Die Currysauce und die Nudeln auf zwei Schüsseln verteilen. Jeweils ein halbes (oder ein ganzes!) Ei daraufgeben, Frühlingszwiebeln und Mais darüber verteilen und alles mit Furikake bestreuen. Die Nuggets in Stücke brechen, dazugeben, alles gut vermischen – und genießen!

# Mit heißem Öl übergossene Nudeln

FÜR 2 PERSONEN · V

1 EL helle Sojasauce
1 EL Chinkiang (schwarzer Reisessig)
1 TL feiner Rohrzucker
2 Nester taiwanesische Nudeln oder breite Weizennudeln
2 Köpfe Choi Sum oder Pak Choi, in Blätter zerteilt
2 TL gemahlene Szechuan-Chiliflocken (siehe Anmerkung)
2 Frühlingszwiebeln, in feine Würfel geschnitten
2 große (oder 4 kleine) Knoblauchzehen, gerieben oder zerdrückt
1 TL gerösteter Sesam
Meersalz
3 EL neutrales Öl
2 Spiegeleier (optional)

ANMERKUNG
Achten Sie darauf, gemahlene Szechuan-Chiliflocken zu verwenden, sie sorgen für die tolle rote Farbe und das traditionelle Geschmacksprofil. Alternativ eignen sich auch Gochugaru, koreanische rote Chiliflocken. Normale Chiliflocken sind hingegen weniger geeignet, da sie weder die richtige Farbe ergeben noch das richtige Aroma haben.

**Der Rezeptname klingt ein bisschen dramatisch – und das zu Recht, denn wenn man das heiße Öl über die Gewürze, Aromageber und Nudeln gießt, entstehen regelrechte Mini-(Geschmacks-)Feuerwerke! Ich liebe dieses Gericht vor allem deshalb, weil es wirklich superschnell zuzubereiten ist und man abgesehen von einem Topf für die Nudeln und das Gemüse kein Geschirr dreckig machen muss.**

**Nach dieser Methode zubereitete Nudeln nennt man in China Yo Po Mian. Dieses Gericht stammt ursprünglich aus der Provinz Shaanxi, und meist verwendet man dafür etwas dickere, handgezogene Nudeln wie etwa Biángbiáng-Nudeln. Um möglichst nah am Original zu bleiben, ohne selbst Nudeln machen zu müssen, verwende ich taiwanesische Nudeln mit gewelltem Rand, die die Sauce und all die leckeren Gewürze wunderbar aufnehmen.**

**Für eine vegane Variante das Ei einfach weglassen.**

1 Helle Sojasauce, Chinkiang und Zucker in eine kleine Schüssel geben und gut verrühren, bis sich der Zucker aufgelöst hat.

2 Einen Topf mit Wasser füllen, dieses salzen und zum Kochen bringen. Die Nudeln hineingeben und nach Packungsangabe kochen. 1 Minute vor Ende der Kochzeit Choi Sum oder Pak Choi dazugeben. Anschließend die Nudeln und das Blattgemüse abgießen und unter fließendem kaltem Wasser abschrecken – so kleben die Nudeln nicht zusammen und bleiben zudem schön elastisch.

3 Nudeln und Choi Sum oder Pak Choi auf zwei Schüssel verteilen und Chiliflocken, Frühlingszwiebeln, Knoblauch, gerösteten Sesam und je eine Prise Meersalz in kleinen, separaten Häufchen daraufgeben.

4 Die Schüsseln direkt neben den Herd stellen. Das Öl in einen kleinen Topf geben und bei hoher Temperatur erhitzen, bis es raucht. Das klingt gefährlich, und man sollte dabei sehr vorsichtig sein, aber das Öl muss wirklich heiß sein, damit es funktioniert. Das heiße Öl schließlich über die Gewürze und Aromageber gießen – Vorsicht, es kann spritzen, wenn das Öl mit Nudeln und Gemüse sowie Knoblauch in Berührung kommt!

5 Die Sojasaucen-Mischung auf die Schüsseln verteilen und alles gut vermischen. Ich gebe zum Schluss zudem gern noch ein Spiegelei darauf – für eine vegane Variante das Ei einfach weglassen.

# Supercremige Lap-Cheong-Spaghetti

FÜR 2 PERSONEN

120 g Spaghetti
4 Eigelb
1 EL weiße Misopaste
60 g fein geriebener frischer Parmesan
½ TL frisch gemahlener schwarzer Pfeffer
1 EL Olivenöl
1 Lap Cheong (chinesische Wurst), in Würfel geschnitten (oder in Würfel geschnittener Pancetta)
1 EL Furikake

**Ich liebe Spaghetti Carbonara! Als ich zum ersten Mal schwanger war, hatte ich ständig Heißhunger darauf – oft stand ich mitten in der Nacht auf, nur um mir Spaghetti Carbonara zu kochen! Diese Version entstand, als ich wieder einmal von einer dieser Heißhungerattacken überrascht wurde, aber weder Pancetta noch Speck im Haus hatte (traditionell werden Spaghetti Carbonara übrigens mit Guanciale zubereitet, luftgetrocknetem, ungeräuchertem Speck aus der Schweinebacke). Immerhin fand ich noch etwas Lap Cheong zu Hause, eine chinesische Hartwurst, die es in verschiedenen Geschmacksrichtungen gibt und die manchmal auch Leber enthält. Ich verwende meist die simple Version nur aus Schweinefleisch. Lap Cheong schmeckt auch gedämpft auf Reis – sie war aber vor allem genau das Richtige, um meine Carbonara-Gelüste zu befriedigen!**

**Von all den verschiedenen italienischen Pastasorten verwende ich am liebsten im Bronzeverfahren hergestellte Spaghetti, weil durch die raue Textur, die sie dadurch erhalten, die Sauce wunderbar an den Nudeln haftet – natürlich schmecken aber auch normale Spaghetti.**

**Bei diesem Rezept handelt es sich zwar nicht um die klassische Carbonara, aber es funktioniert nach demselben Prinzip: fettreiches, salziges Fleisch-Aroma, eine cremig-leckere Sauce und Spaghetti!**

**1** Die Spaghetti nach Packungsangabe kochen, bis sie al dente sind. In der Zwischenzeit Eigelbe, Misopaste, Parmesan und Pfeffer in eine große Schüssel geben und verrühren, bis eine cremige Paste entsteht.

**2** Das Öl in eine schwere beschichtete Pfanne geben und bei mittlerer Temperatur erhitzen, dann die Lap Cheong hineingeben und unter Rühren 1–2 Minuten anbraten, bis das Fett austritt und sie schön knusprig sind.

**3** Die fertigen Spaghetti mit einer Nudelzange direkt aus dem Kochwasser in die Pfanne mit der Lap Cheong geben und alles gut vermischen, bis die Nudeln das gesamte ausgetretene Fett aufgenommen haben. Das Nudelwasser nicht wegschütten. Die Pfanne von der Hitze nehmen und die Spaghetti-Lap-Cheong-Mischung 3–4 Minuten abkühlen lassen (so verhindert man, dass das Eigelb gerinnt, wenn man sie zur Sauce gibt).

**4** Die Spaghetti-Lap-Cheong-Mischung und 2 EL Nudelwasser in die Schüssel mit der Eigelbmischung geben und alles gut vermischen, bis die Nudeln komplett mit Sauce überzogen sind. Die fertigen Lap-Cheong-Spaghetti mit Furikake bestreuen und dann sofort servieren.

# Scharfe Nudeln mit Rührei

FÜR 2 PERSONEN · V

- 2 EL neutrales Öl
- 4 Eier, verquirlt
- 2 Frühlingszwiebeln, in etwa 1 cm breite Ringe geschnitten
- 2 Knoblauchzehen, gerieben oder zerdrückt
- 1 rote Chilischote, in Ringe geschnitten, plus etwas mehr zum Servieren (optional)
- 1 grüne Chilischote, in Ringe geschnitten
- 1 EL helle Sojasauce
- 1 TL dunkle Sojasauce
- 1 EL vegetarische Wok-Sauce mit Pilzen
- 2 EL Sojabohnensauce
- 1 TL Demerara-Zucker
- 1 TL Pilz-Suppenpulver
- 100 ml Gemüsebrühe
- 2 Nester dicke Weizennudeln
- 1 TL geröstetes Sesamöl

**Dieses Rezept ist wunderbar einfach, und man holt damit im Handumdrehen das Beste aus den Zutaten heraus, die man sowieso im Vorratsschrank hat, wenn man viel asiatisch kocht. Das Rührei wird zum Schluss einfach mit der fertigen Sauce vermischt – eine Kombination, die ich einfach liebe. Falls Sie das noch nie probiert haben: Jetzt ist der richtige Moment dafür!**

**1** 1 EL Öl in eine schwere beschichtete Pfanne geben und bei mittlerer Temperatur erhitzen. Die Eier hineingeben und unter Rühren stocken lassen – das Rührei darf gern noch sehr weich sein. Das Rührei aus der Pfanne nehmen und kurz beiseitestellen.

**2** Die Pfanne sauberwischen, das übrige Öl (1 EL) hineingeben und bei mittlerer Temperatur erhitzen. Frühlingszwiebeln, Knoblauch und Chilischoten hineingeben und anbraten, bis es herrlich zu duften beginnt, die Aromageber dabei aber keine Farbe annehmen lassen. Helle und dunkle Sojasauce, Wok-Sauce, Sojabohnensauce, Zucker, Suppenpulver und Gemüsebrühe dazugeben, gut umrühren und 2–3 Minuten sanft köcheln lassen. Das Rührei dazugeben und gut unterrühren. Die Sauce bei geringer Hitze köcheln lassen und währenddessen die Nudeln kochen.

**3** Die Nudeln nach Packungsangabe kochen. Die fertigen Nudeln abgießen und unter fließendem kaltem Wasser abschrecken, dabei die Nudeln mit den Fingern vorsichtig zerteilen, damit sie nicht zusammenkleben. Das Sesamöl zu den Nudeln geben und gut verrühren, bis sie damit überzogen sind. Die Sauce über die Nudeln geben und nach Wunsch mit in Ringe geschnittener frischer roter Chilischote bestreut servieren.

# Soba-Nudeln mit wildem Brokkoli und grünem Spargel

FÜR 4 PERSONEN · VG

- 200 g wilder Brokkoli
- 100 g grüner Spargel, in etwa 5 cm große Stücke geschnitten
- 100 g Frühlingszwiebel, in etwa 5 cm große Stücke geschnitten
- ½ Knoblauchknolle, ungeschält
- 6 EL Olivenöl
- 140 g Koriander, ein paar Zweige zum Servieren beiseitegeben
- 2 große grüne Chilischoten
- 1 EL feiner Rohrzucker
- ½ TL Meersalz
- Saft von 2 Limetten
- 4 Nester Soba-Nudeln
- 1 Handvoll TK-Erbsen
- 4 EL Szechuan-Chili-Öl oder Lao-Gan-Ma-Crispy-Chili-Öl
- 2 EL gerösteter Sesam

**Anfang dieses Jahres habe ich der Verlockung nachgegeben und mir eine Heißluftfritteuse gekauft. Eigentlich stelle ich meine Küche nicht gern mit allzu vielen Küchengeräten voll, aber das war es wert!**

**Am liebsten bereite ich grünes Gemüse in der Heißluftfritteuse zu, vor allem Brokkoli, der so in weniger als 10 Minuten ein wunderbar nussiges Röstaroma bekommt. Hier kombiniere ich ihn mit grünem Spargel und Soba-Nudeln zu einem Gericht, das man warm oder kalt servieren kann – und das dank der Heißluftfritteuse in weniger als 15 Minuten zubereitet ist.**

**Wenn Sie keine Heißluftfritteuse haben, können Sie das Gemüse auch einfach im Backofen rösten. Es braucht dann zwar etwas länger, vom Geschmack her macht es aber keinen großen Unterschied.**

1. Falls Sie keine Heißluftfritteuse haben, den Backofen auf 200 °C vorheizen.

2. Brokkoli, Spargel, Frühlingszwiebeln und die Knoblauchknolle auf ein großes Schneidebrett geben, mit 2 EL Olivenöl beträufeln und das Öl anschließend mit den Händen einmassieren. Die Knoblauchknolle in Alufolie einwickeln und dann zusammen mit dem Gemüse etwa 8 Minuten in der Heißluftfritteuse rösten, dabei nach der Hälfte der Zeit einmal gut umrühren. Alternativ das Gemüse etwa 20 Minuten im Backofen rösten. Es sollte schön Farbe annehmen, und der Knoblauch sollte sehr weich sein und sich aus der Schale drücken lassen.

3. Koriander, Chilischoten, Zucker, Salz, Limettensaft, die aus der Schale gedrückten gerösteten Knoblauchzehen und das übrige Olivenöl (4 EL) im Standmixer zu einer cremigen Sauce pürieren.

4. Soba-Nudeln und Erbsen in kochendem Wasser etwa 4 Minuten (oder nach Packungsangabe) kochen. Die fertigen Nudeln abgießen und unter fließendem kaltem Wasser abschrecken, dabei die Nudeln mit den Fingern vorsichtig zerteilen, damit sie nicht zusammenkleben.

5. Zum Servieren die Sauce auf einer großen Servierplatte verteilen und dann Soba-Nudeln, Erbsen und zum Schluss das geröstete Gemüse daraufgeben. Nudeln und Gemüse mit Chili-Öl beträufeln und mit geröstetem Sesam und abgezupften Korianderblättern bestreut servieren.

# Spaghetti Bangkok-Style

FÜR 4 PERSONEN

240 g Spaghetti
3 EL thailändische Gewürzsauce
2 EL thailändische Austernsauce
2 TL dunkle Sojasauce
1½ EL feiner Rohrzucker
1 TL Knoblauchsalz
3 EL Butter
1 EL neutrales Öl
6 Sardellen, gehackt
6 Knoblauchzehen, gerieben oder zerdrückt
24 TK-Riesengarnelen, aufgetaut
1 rote Zwiebel, in Ringe geschnitten
1 rote Paprika, in Streifen geschnitten
2–4 rote Bird's-Eye-Chilischoten, in feine Ringe geschnitten
1 Handvoll Thai-Basilikum-Blätter
2 TL frisch gemahlener schwarzer Pfeffer

**Italienisch-thailändische Fusionküche ist im Grunde kein neues Phänomen: Es gibt sie bereits seit dem Vietnamkrieg, als zunächst amerikanische Soldaten und später Touristen nach Asien kamen. Pizza und Pasta, vor allem Makkaroni, wurden mit klassischen thailändischen Aromen wie Zitronengras, Limette, Bird's-Eye-Chilischoten und Knoblauch kombiniert und wurden bald zu Klassikern in Bangkok, von wo aus sie das ganze Land eroberten.**

**Spaghetti Kee Mao ist ein gutes Beispiel für diese Art der Küche. Als Basis dient das Gericht Pad Kee Mao (das man auch »betrunkene Nudeln« nennt), nur werden statt Reisbandnudeln Spaghetti verwendet. Ich habe dieses Gericht zum ersten Mal 2019 in einer Mall in Bangkok gegessen, und weil ich Spaghetti genauso wie die typischen thailändischen Aromen einfach großartig finde, war ich sofort begeistert!**

**Eines meiner Lieblingsrezepte für diese Art von Nudeln stammt aus Kris Yenbamroongs Buch *Night + Market,* der für einen tollen Geschmackskick pinke Pfefferkörner dazugibt.**

**Statt Spaghetti eignen sich für dieses Rezept auch Linguine, und anstelle der Garnelen kann man auch Tintenfischringe verwenden.**

**1** Die Spaghetti in einen Topf mit kochendem Salzwasser geben und je nach Dicke 8–10 Minuten kochen, bis sie al dente sind.

**2** In der Zwischenzeit thailändische Gewürzsauce, Austernsauce, dunkle Sojasauce, Zucker und Knoblauchsalz in einen Krug geben und gut verrühren.

**3** Wenn die Spaghetti noch etwa 5 Minuten brauchen, Butter und Öl in eine schwere beschichtete Pfanne geben und bei mittlerer Temperatur erhitzen. Sardellen und Knoblauch hineingeben und unter gelegentlichem Schwenken etwa 2 Minuten anbraten, bis es herrlich zu duften beginnt und sich die Sardellen aufgelöst haben.

**4** Die Riesengarnelen dazugeben und unter Rühren 2–3 Minuten anbraten, bis sie beginnen, rosa zu werden. Zwiebeln, Paprika und Chilischoten dazugeben und unter Rühren weitere 2–3 Minuten anbraten.

**5** Die fertigen Spaghetti direkt aus dem Kochwasser zu den Garnelen und zum Gemüse in die Pfanne geben, die Sauce darüber verteilen und alles gut vermischen. Die Pfanne von der Hitze nehmen, die Spaghetti mit Thai-Basilikum und Pfeffer bestreuen und dann sofort servieren.

# Homestyle Ho Fun mit Rindfleisch

FÜR 2 PERSONEN

- 1 TL Speisestärke
- 4 EL helle Sojasauce
- 1 Flank- oder Sirloin-Steak, entgegen der Faserrichtung in dünne Streifen geschnitten
- 1 EL dunkle Sojasauce
- 1 TL feiner Rohrzucker
- 1 TL geröstetes Sesamöl
- 400 g frische breite Reisnudeln (Ho-Fun-Nudeln)
- 4 EL neutrales Öl
- 1 kleine Zwiebel, in Ringe geschnitten
- 3 Frühlingszwiebeln, fein gehackt
- 2 Handvoll Sojasprossen

**Der typische Ho-Fun-Geschmack entsteht durch das berühmte Wok Hei (siehe Seite 21), das für die wunderbar rauchigen Röstaromen sorgt, die dieses Gericht ausmachen. Wok Hei selbst zu Hause hinzubekommen, ist leider nicht ganz so einfach: Man braucht einen sehr starken Gasbrenner, um die Temperaturen zu erreichen, die dafür notwendig sind. Teilweise wird empfohlen, mit einem Küchenbunsenbrenner zu arbeiten, aber so einen habe ich nicht zu Hause, und es würde mir auch einfach zu lange dauern. Wenn ich das Original möchte, dann bestelle ich es mir bei meinem Lieblingschinesen – oder ich mache mir diese Homestyle-Version, die ziemlich nah an das Original herankommt.**

1. Speisestärke, 1 EL helle Sojasauce und 1 TL Wasser in eine Schüssel geben und gut verrühren. Die Steakstreifen dazugeben und in der Mischung wenden, bis sie komplett damit überzogen sind. Das Fleisch etwa 5 Minuten in der Marinade ziehen lassen und in der Zwischenzeit Nudeln und Gemüse zubereiten.

2. Die dunkle und die übrige helle Sojasauce (3 EL), den Zucker und das Sesamöl in eine zweite Schüssel oder einen Krug geben und gut verrühren, bis sich der Zucker aufgelöst hat.

3. Einen Topf mit Wasser füllen, dieses zum Kochen bringen und die Nudeln 20–30 Sekunden hineingeben, bis sie sich voneinander lösen (frische Reisnudeln kleben oft etwas zusammen!). Anschließend die Nudeln abgießen und unter fließendem kaltem Wasser abschrecken, dabei die Nudeln mit den Fingern vorsichtig zerteilen.

4. 2 EL Öl in eine schwere beschichtete Pfanne oder einen Wok geben und heiß werden lassen. Die marinierten Steakstreifen hineingeben und einige Minuten ohne Rühren anbraten, bis sie goldbraun und knusprig sind. Die Steakstreifen herausnehmen und die Pfanne sauberwischen.

5. Das übrige Öl (2 EL) in die Pfanne geben und erhitzen, bis es zu rauchen beginnt und glänzt. Die Zwiebeln hineingeben und unter Schwenken etwa 2 Minuten anbraten, bis sie sehr dunkel und knusprig sind. Die Nudeln dazugeben, gut schwenken und dann einige Zeit ohne Rühren anbraten, bis sie Farbe annehmen. Steakstreifen, Frühlingszwiebeln und Sojasprossen dazugeben und schwenken, bis alles gut vermischt ist.

6. Die Sauce dazugeben, gut verrühren, bis die Nudeln sie so gut wie vollständig aufgenommen haben, und dann sofort servieren.

# Spaghetti mit Knoblauch Garnelen und Butter

FÜR 2 PERSONEN (ODER 1 – WENN SIE ESSEN KÖNNEN WIE ICH!)

120 g Spaghetti
3 EL gesalzene Butter
1 EL Olivenöl
3 Knoblauchzehen, zerdrückt oder gerieben
8–10 große TK-Riesengarnelen, aufgetaut
1 Zucchini, in etwa 4 cm große Streifen geschnitten
1 TL Knoblauchsalz oder Meersalz
½ TL frisch gemahlener schwarzer Pfeffer
2 EL helle Sojasauce
1 TL dunkle Sojasauce

**Dieses Gericht ist inspiriert vom italienischen Klassiker Spaghetti Gamberetti, also Spaghetti mit Garnelen, wobei die Sojasauce hier für eine weitere Geschmacksebene sorgt. Von allen Rezepten in diesem Buch ist es wahrscheinlich das, das ich im Laufe des letzten Jahres am häufigsten zubereitet habe. Sogar während ich diesen Text schreibe, steht eine leere Schüssel davon neben meinem Laptop – und ich überlege ernsthaft, ob ich nicht meinen Partner, der unten in der Küche ist, damit beauftragen soll, noch einmal Wasser aufzusetzen und Spaghetti zu kochen, weil ich einfach nicht genug davon bekomme!**

**Ich glaube, ich bereite es deshalb so oft zu, weil es keine fünf Minuten dauert, bis es fertig ist, und weil es wirklich süchtig macht – was auch meine Überlegungen oben im Hinblick auf eine weitere Portion erklären würde!**

**Statt Zucchini und Garnelen eignen sich für dieses Rezept auch wilder Brokkoli und Tintenfischringe.**

**1** Einen Topf mit Wasser füllen, dieses salzen und zum Kochen bringen. Die Spaghetti hineingeben und nach Packungsangabe al dente kochen. Sobald sie fertig sind, den Topf von der Hitze nehmen, aber die Spaghetti noch kurz im Kochwasser lassen.

**2** In der Zwischenzeit eine schwere beschichtete Pfanne bei hoher Temperatur heiß werden lassen und dann Butter, Olivenöl und Knoblauch hineingeben. Nach 1–2 Minuten, wenn die Butter geschmolzen ist und der Knoblauch wunderbar duftet, die Riesengarnelen dazugeben und etwa 2 Minuten anbraten, bis sie beginnen, rosa zu werden. Die Zucchini dazugeben, mit Salz und Pfeffer würzen und unter Schwenken weiter anbraten, sodass nichts anbrennt.

**3** Nach 3–4 Minuten sollten die Garnelen gar sein. Nun die helle und die dunkle Sojasauce sowie die fertigen Spaghetti mit einer Nudelzange direkt aus dem Kochwasser dazugeben – so gelangt auch noch etwas von dem stärkehaltigen Nudelwasser in die Pfanne, das für eine wunderbar cremige Sauce sorgt. Die Spaghetti in der Knoblauch-Butter-Sojasaucen-Mischung schwenken, bis sie damit überzogen sind und wunderbar goldgelb leuchten, und dann sofort servieren.

# Vegane Gemüse-Reste-Nudeln

FÜR 2 PERSONEN · V

2 Portionen Sōmen- oder dünne Weizennudeln
1 EL neutrales Öl
2 Knoblauchzehen, gerieben

**Für die Sauce**
2 EL helle Sojasauce
1 EL vegetarische Austernsauce
1 EL Ahornsirup
1 EL Chinkiang (schwarzer Reisessig)
2 EL Szechuan-Chili-Öl oder Lao-Gan-Ma-Crispy-Chili-Öl

**200–300 g gemischtes Gemüse, etwa:**
Karotte, fein gerieben
wilder oder normaler Brokkoli oder Brokkolistrünke, halbiert und blanchiert
grüne Bohnen, geputzt
Pilze, geviertelt
Baby-Maiskölbchen, halbiert
Zuckererbsenschoten
Choi Sum oder Pak Choi, in Blätter zerteilt
Paprika, fein gehackt
Weißkohlblätter, in feine Streifen geschnitten
Sojasprossen

**Sowie eine der folgenden Zutaten:**
½ rote Zwiebel, in Ringe geschnitten
2–3 Frühlingszwiebeln, in etwa 2,5 cm große Stücke geschnitten

**Es passiert mir leider immer wieder, dass ich bei einem Blick in den Kühlschrank feststellen muss, dass sich darin Gemüsereste wie eine halbe Zucchini, eine einzelne Karotte und übriges, langsam welk werdendes Blattgemüse angesammelt haben. Weil ich es hasse, Lebensmittel wegzuwerfen, habe ich irgendwann dieses Rezept kreiert, um all diese Kühlschrankreste auf leckere Art und Weise zu verwerten. Man kann dafür verschiedenstes Gemüse verwenden, etwa je nachdem, was gerade Saison hat, und es ist so leicht, dass man absolut nichts falsch machen kann.**

**Die Sauce kann man übrigens auch auf Vorrat zubereiten: Einfach die Mengenangaben verdoppeln oder verdreifachen und die fertige Sauce in einem sterilisierten Glas im Kühlschrank aufbewahren. Gekühlt hält sie sich bis zu drei Wochen, und so hat man sie jederzeit parat. Auch übriges Hähnchen- oder anderes gebratenes Fleisch passt toll dazu.**

1 Die Nudeln nach Packungsangabe kochen. Die fertigen Nudeln abgießen und unter fließendem kaltem Wasser abschrecken, dabei die Nudeln mit den Fingern vorsichtig zerteilen, damit sie nicht zusammenkleben.

2 Für die Sauce helle Sojasauce, Austernsauce, Ahornsirup, Chinkiang und Chili-Öl in einen Krug geben und gut verrühren.

3 Das Öl in eine schwere beschichtete Pfanne oder einen Wok geben und bei mittlerer Temperatur erhitzen. Den Knoblauch hineingeben und unter Rühren etwa 30 Sekunden anbraten, bis es herrlich zu duften beginnt.

4 Das Gemüse auf zwei Mal in die Pfanne geben, dabei kommen zunächst die härteren, faserhaltigen Gemüsesorten (z. B. Karotten, Brokkoli, grüne Bohnen, Pilze und Mais) in die Pfanne. Das Gemüse unter Rühren 2–3 Minuten anbraten, bis es beginnt, weich zu werden. Anschließend das zartere Gemüse (z. B. Zuckererbsenschoten, Pak Choi, Paprika, Weißkohl und Sojasprossen) sowie Zwiebeln oder Frühlingszwiebeln dazugeben und unter ständigem Rühren weitere 2 Minuten anbraten.

5 Schließlich die Nudeln und die Sauce dazugeben, etwa 1–2 Minuten schwenken, bis die Nudeln komplett mit Sauce überzogen sind, und dann sofort servieren.

# Schnelle, scharfe Dan Dan Mian

FÜR 2 PERSONEN

- 2 EL chinesische Sesampaste oder Tahin
- 1 EL Erdnussbutter
- 2 EL helle Sojasauce
- 1 EL Chinkiang (schwarzer Reisessig)
- 2 TL Demerara-Zucker
- 2 EL Szechuan-Chili-Öl oder Lao-Gan-Ma-Crispy-Chili-Öl
- 1 EL neutrales Öl
- 200 g Rinderhackfleisch
- 1 TL chinesisches Fünf-Gewürze-Pulver
- 3 EL Hoisin-Sauce
- 1 TL dunkle Sojasauce
- 2 Nester dünne Weizennudeln
- 100 ml heiße Hähnchenbrühe
- 1 Frühlingszwiebel, in feine Würfel geschnitten

**Wer mich kennt, weiß, dass Dan Dan Mian eines meiner absoluten Lieblingsgerichte sind. Man findet sie in Restaurants in unterschiedlichsten Varianten auf der Speisekarte, und es gibt unzählige verschiedene Rezepte dafür. Und auch ich bereite sie zu Hause in verschiedenen Varianten zu – von etwas aufwendiger mit selbst gemachten Nudeln, selbstgekochter Brühe und selbst gemachtem Chili-Öl bis hin zu schnell und simpel mit gekaufter Brühe und weniger traditionellen Zutaten wie eingelegtem Gemüse oder Erdnussbutter.**

**Diese schnellen, scharfen Dan Dan Mian sind dabei mein verlässliches Grundrezept, weil es ohne Spezialzutaten und sonstigen Schnickschnack auskommt – wenn Sie allerdings zufällig noch ein Glas Ya Cai (eingelegtes Senfgrün aus Szechuan) im Vorratsschrank haben, rate ich Ihnen, am Ende unbedingt noch etwas davon dazuzugeben!**

1. Sesampaste oder Tahin, Erdnussbutter, helle Sojasauce, Chinkiang, Zucker und Chili-Öl im Standmixer oder in einem Krug mit einem Stabmixer zu einer glatten Sauce pürieren.
2. Das Öl in einer schweren beschichteten Pfanne erhitzen und dann das Rinderhackfleisch dazugeben. Das Hackfleisch 2–3 Minuten ohne Rühren anbraten, bis es knusprig ist. Das Fünf-Gewürze-Pulver dazugeben und das Hackfleisch unter Rühren weitere 2–3 Minuten anbraten, bis es rundherum goldbraun ist. Hoisin-Sauce und dunkle Sojasauce dazugeben und gut verrühren, bis das Hackfleisch damit überzogen ist.
3. In der Zwischenzeit die Nudeln nach Packungsangabe kochen.
4. Die Sauce auf zwei Schüsseln verteilen, mit der heißen Hähnchenbrühe aufgießen und gut verrühren. Die Nudeln und dann das Rinderhackfleisch dazugeben und mit Frühlingszwiebeln bestreut sofort servieren.

# Gebratene Nudeln mit Spiegelei

FÜR 2 PERSONEN · V

- 2 Knoblauchzehen, gerieben
- 2 rote Bird's-Eye-Chilischoten, in Ringe geschnitten
- 2 EL Fischsauce
- 3 EL Limettensaft
- 3 TL feiner Rohrzucker
- 2 EL Maggi
- 1 TL dunkle Sojasauce
- 2 Nester getrocknete dicke Lo-Mein-Eiernudeln
- 2 EL neutrales Öl
- 4 Eier
- 1 Schalotte, in feine Ringe geschnitten
- 1 Handvoll Koriander, grob gehackt

**Irgendjemand hat mich einmal gefragt, ob es eigentlich ein Gericht gibt, das ich nicht mit einem Spiegelei servieren würde. Und das ist tatsächlich eine berechtigte Frage, weil ich zu so ziemlich allem ein Spiegelei essen könnte, ganz besonders zu Nudeln. Eier sind überhaupt super: Sie sind schnell zubereitet, vielseitig und eine tolle Proteinquelle. Daher sind sie auch eine der Zutaten, die ich immer zu Hause haben muss – es kommt tatsächlich nicht selten vor, dass ich spätabends zum einzigen noch geöffneten Supermarkt am anderen Ende der Stadt fahre, nur um noch schnell ein paar Eier zu kaufen.**

**Deshalb mag ich wahrscheinlich auch das thailändische Gericht Yam Khai Dao so gern – denn hier sind Spiegeleier die wichtigste Zutat. Sie werden dafür in Stücke geschnitten und mit Schalotten und Koriander sowie einem leckeren Dressing aus Limettensaft, Fischsauce und Chili serviert. Yam Khai Dao ist eine tolle Beilage, schmeckt aber auch lecker zu Reis (so esse ich es eigentlich am liebsten) und zu Eiernudeln, wobei mit etwas Maggi, Knoblauch und dunkler Sojasauce aus dem Dressing im Handumdrehen eine leckere Nudelsauce wird.**

1. Knoblauch, Chilischoten, Fischsauce, Limettensaft, Zucker, Maggi und dunkle Sojasauce in einen Krug geben und verrühren, bis sich der Zucker aufgelöst hat.

2. Die Nudeln nach Packungsangabe kochen, bis sie al dente sind. Die fertigen Nudeln abgießen und unter fließendem kaltem Wasser abschrecken, dabei die Nudeln mit den Fingern vorsichtig zerteilen, damit sie nicht zusammenkleben.

3. 1 EL Öl in eine schwere beschichtete Pfanne geben, bei mittlerer Temperatur erhitzen und die Eier hineingeben. Sie müssen nicht wie perfekte Spiegeleier aussehen, sondern dürfen dabei ruhig verlaufen. Die Eier braten, bis sie goldbraun und knusprig sind, aber das Eigelb noch leicht flüssig ist. Die Spiegeleier aus der Pfanne nehmen und in etwa 5 cm große Stücke schneiden – ich verwende dafür am liebsten eine Küchenschere.

4. Die Nudeln und das übrige Öl (1 EL) in die heiße Pfanne geben und gut schwenken, bis die Nudeln mit Öl überzogen sind. Dann die in Stücke geschnittenen Spiegeleier dazugeben und 3–4 Minuten unter Rühren anbraten, bis die Nudeln heiß sind.

5. Die Nudeln auf zwei Schüsseln verteilen und mit Schalotten und Koriander bestreut sofort servieren.

# Unagi-Soba

FÜR 2 PERSONEN

¼ Gurke, in feine Scheiben geschnitten
1 EL feines Meersalz
1 EL feiner Rohrzucker
2 TL geröstetes Sesamöl
1 EL japanische Sojasauce
1 TL Ahornsirup
200 g TK-Unagi-Kabayaki
1 Ei
1 großzügige Handvoll TK-Edamame
2 Nester getrocknete Soba-Nudeln
1 EL Furikake

**Unagi heißt übersetzt Süßwasseraal und ist eine beliebte japanische Spezialität. Meist wird er als Kabayaki serviert, wobei der Aal im Schmetterlingsschnitt filetiert, auf einen Spieß gesteckt, mit einer süßen Sojasauce bestrichen und dann gegrillt wird, wodurch er einen wunderbaren süßlich-rauchigen Geschmack erhält. Unagi wird außerdem auch oft als Sushi serviert und ist eines meiner absoluten Lieblingsgerichte in japanischen Restaurants.**

**In einigen Asiamärkten kann man Kabayaki tiefgefroren kaufen (ich verwende gern den der Marke Yutaka), und er ist die perfekte Zutat für ein schnelles Gericht: etwa auf Reis als Unadon oder wie hier mit knackigen Gurken und Soba-Nudeln.**

1 Die Gurkenscheiben in ein feines Sieb geben, dieses ins Spülbecken stellen und die Gurkenscheiben mit Salz und Zucker bestreuen. Alles gut vermischen und die Gurken ziehen lassen.

2 Sesamöl, Sojasauce und Ahornsirup in einen Krug geben und gut verrühren.

3 Einen großen Topf mit Wasser füllen und dieses zum Kochen bringen. Den tiefgekühlten Unagi in der Verpackung dazugeben und etwa 6 Minuten erhitzen. Anschließend vorsichtig herausnehmen und kurz abkühlen lassen.

4 Das Wasser wieder zum Kochen bringen, das Ei sowie die Edamame-Bohnen hineingeben und einen Timer auf 6 Minuten und 30 Sekunden stellen. Nach 2 Minuten die Soba-Nudeln dazugeben. Wenn der Timer abgelaufen ist, das Ei, die Edamame-Bohnen und die Nudeln abgießen. Das Ei beiseitegeben und kurz abkühlen lassen. Die Soba-Nudeln und die Edamame-Bohnen wieder in den Topf geben, die Sauce dazugeben und alles gut vermischen.

5 Die Nudeln und die Edamame-Bohnen auf zwei Schüsseln verteilen. Das Ei schälen, halbieren und je eine Hälfte auf die Nudeln geben. Den Unagi aus der Verpackung nehmen und ebenfalls auf die Schüsseln verteilen.

6 Die Gurken unter fließendem kaltem Wasser kurz abspülen und dann mit den Händen kräftig ausdrücken. Die Gurken auf die Nudeln geben, mit reichlich Furikake bestreuen und dann sofort servieren.

# Nudeln mit Schweinebauch und Kohl-Omelett

FÜR 2 PERSONEN

4 Eier
100 g Palm- oder Grünkohl, harte Stiele entfernt und fein gehackt
1 Frühlingszwiebel, in Ringe geschnitten
2 EL neutrales Öl
2 EL Butter
1 Knoblauchzehe, zerdrückt oder gerieben
100 g Schweinebauch, in etwa 1 cm große Würfel geschnitten
2 Nester frische oder getrocknete breite Weizennudeln
1 Handvoll TK-Erbsen
1 EL helle Sojasauce
1 EL Kecap Manis (süße Sojasauce)
¼ TL frisch gemahlener schwarzer Pfeffer

**Dieses Gericht ist mittlerweile ein absoluter Klassiker in meiner Familie, es war aber ursprünglich vor allem einer der vielen Versuche, gesundes Essen und Gemüse so zubereiten, dass es auch meiner Tochter schmeckt und Spaß macht. Einer der Pluspunkte dabei: Kleine Hände können beim Verquirlen der Eier toll mithelfen.**

**Je nachdem, was ich gerade im Kühlschrank habe, verwende ich für dieses Rezept statt Schweinebauch auch gern Räucherspeck oder luftgetrockneten chinesischen Schinken – und sogar mit Wurstbrät schmeckt es sehr lecker!**

**1** Eier, Palm- oder Grünkohl und Frühlingszwiebeln in eine tiefe Schüssel geben und gut verquirlen.

**2** 1 EL Öl in eine schwere beschichtete Pfanne geben, bei mittlerer Temperatur erhitzen und dann das Öl mit einem Papiertuch gleichmäßig verteilen. Die Eiermischung dazugeben und die Pfanne schwenken, sodass sie sich gleichmäßig verteilt. Das Omelett von jeder Seite 1–2 Minuten anbraten, bis es komplett gestockt ist. Das fertige Omelett auf ein großes Schneidebrett geben, etwas abkühlen lassen, dann einrollen und in etwa 1 cm breite Streifen schneiden.

**3** Die Pfanne sauberwischen, das übrige Öl (1 EL), die Butter und den Knoblauch hineingeben und den Knoblauch etwa 30 Sekunden anbraten, bis es herrlich zu duften beginnt. Die Schweinebauchwürfel dazugeben und unter gelegentlichem Umrühren 3–4 Minuten anbraten, bis sie rundherum goldbraun und knusprig sind.

**4** In der Zwischenzeit die Nudeln nach Packungsangabe kochen.

**5** Die Erbsen in die Pfanne mit den Schweinebauchwürfeln geben und etwa 1 Minute erhitzen. Helle Sojasauce, Kecap Manis und Pfeffer dazugeben und gut verrühren. Die Nudeln direkt aus dem Kochwasser in die Pfanne geben und umrühren, bis sich alles mit der wunderbar buttrigen Sauce vermischt hat. Die Omelettstreifen dazugeben, gut unterrühren und dann sofort servieren.

# Scharf-saure Chili-Öl-Brühe mit Weizennudeln

FÜR 2 PERSONEN

- 2 EL fein gehackte getrocknete Mu-Err-Pilze
- 1 Ei
- 2 Nester dünne Weizennudeln
- 1 Kopf Pak Choi, halbiert und Strunk entfernt
- 1 TL geröstetes Sesamöl
- 2 Knoblauchzehen, gerieben oder zerdrückt
- 2 Frühlingszwiebeln, fein gehackt
- 2 EL gerösteter Sesam
- 2 EL Szechuan-Chiliflocken oder Gochugaru
- 4 EL neutrales Öl
- 2 EL helle Sojasauce
- 2 EL Chinkiang (schwarzer Reisessig)
- 1 EL Austernsauce
- 1 TL Hähnchen- oder Pilz-Suppenpulver
- ½ TL Meersalz
- 1 TL Demerara-Zucker
- 1 kleine Handvoll Koriander, grob gehackt

**Eine der einfachsten und schnellsten Methoden, um im Handumdrehen eine leckere, intensiv-aromatische Brühenbasis zuzubereiten, besteht darin, Aromageber wie Knoblauch, Frühlingszwiebeln, Chiliflocken und Sesam in eine Schüssel zu geben und sie dann mit heißem Öl zu übergießen (wie bei meinen Mit heißem Öl übergossenen Nudeln, siehe Seite 58). Durch das heiße Öl werden die Aromageber schnell gegart und beginnen sofort verführerisch zu duften – während es ganz nebenbei auch spektakulär zischt und dampft.**

**Als Ursprung dieser Kochmethode gilt übrigens das Gericht Yo Po Mian aus der chinesischen Provinz Shaanxi, das meist mit dicken handgezogenen Nudeln wie etwa Biángbiáng-Nudeln serviert wird.**

**Wichtig ist dabei, dass man Szechuan-Chiliflocken oder Gochugaru verwendet, denn nur sie sorgen für die charakteristische rote Farbe. Szechuan-Chiliflocken sind etwas schärfer als Gochugaru, am besten passt man die Mengenangaben daher nach Geschmack an.**

1. Die Mu-Err-Pilze in eine kleine Schüssel geben, mit heißem Wasser übergießen und etwa 10 Minuten ziehen lassen.

2. Einen großen Topf mit Wasser füllen und dieses zum Kochen bringen. Das Ei hineingeben und einen Timer auf 6 Minuten und 45 Sekunden stellen. Wenn der Timer noch 5 Minuten anzeigt (oder nach Packungsangabe), die Nudeln dazugeben. Wenn der Timer noch 4 Minuten anzeigt, den Pak Choi dazugeben. Wenn der Timer abgelaufen ist, das Ei, die Nudeln und den Pak Choi abgießen und unter fließendem kaltem Wasser abschrecken. Das Ei schälen und den Pak Choi in eine Schüssel geben. Das Sesamöl zu den Nudeln geben und gut verrühren, bis sie damit überzogen sind.

3. Knoblauch, Frühlingszwiebeln, Sesam und Chiliflocken in kleinen, separaten Häufchen in zwei tiefe Schüsseln geben.

4. Das Öl in einen kleinen Topf geben, erhitzen, bis es zu rauchen beginnt, und dann über die Aromageber in den Schüsseln gießen – Vorsicht, dabei kann es spritzen! Etwas abkühlen lassen und dann in jede Schüssel 1 EL helle Sojasauce, 1 EL Reisessig, ½ EL Austernsauce, ½ TL Suppenpulver, ¼ TL Meersalz, ½ TL Zucker und 150 ml heißes Wasser geben und gut umrühren.

5. Nudeln, Pak Choi, je ein halbes Ei und die eingeweichten Pilze auf die Schüsseln verteilen und mit Koriander bestreut sofort servieren.

# Nudeln mit Thai-Kokos-Curry

FÜR 2 PERSONEN

1 EL neutrales Öl
2 EL rote oder grüne Thai-Curry-Paste
200 ml Hähnchen- oder Gemüsebrühe
2 EL Fischsauce oder Sojasauce
2 TL Demerara-Zucker
1 Dose Kokosmilch (à 400 ml)
2 Nester getrocknete Eiernudeln
1 kleine Zucchini
1 Handvoll Sojasprossen
1 Handvoll in Stücke geschnittenes Brathähnchenfleisch oder 6 Tofu-Puffs, halbiert
1 kleine Handvoll Koriander, grob gehackt
½ rote Zwiebel, in feine Streifen geschnitten
1 große rote Chilischote, in feine Ringe geschnitten
1 Limette, geviertelt

**Dieses Gericht ist meine Hommage an die wunderbar frischen, scharfen, intensiven Aromen der thailändischen Küche – die man sich mit thailändischer Currypaste ganz einfach in die eigenen vier Wände holen kann. Ich habe immer eine Packung davon im Kühlschrank, denn damit lassen sich in Sekundenschnelle verschiedenste einfache Gerichte zubereiten. Wenn Sie kein übriges Hähnchenfleisch haben, eignen sich für dieses Gericht auch TK-Garnelen oder -Tintenfischringe. Für eine vegane Variante sollte man darauf achten, dass die Currypaste vegan ist, und statt der Eiernudeln verwendet man am besten dünne, gelbe Weizennudeln.**

**1** Das Öl in einen großen Topf geben und bei mittlerer Temperatur erhitzen. Die Currypaste hineingeben und 30 Sekunden bis 1 Minute anbraten, bis es herrlich zu duften beginnt. Hähnchen- oder Gemüsebrühe, Fisch- oder Sojasauce und Zucker dazugeben, gut verrühren und nach Geschmack abschmecken. Die Kokosmilch dazugeben und das Curry zum Köcheln bringen.

**2** In der Zwischenzeit die Nudeln nach Packungsangabe kochen.

**3** Die Zucchini mit einem Gemüseschäler in dünnen Streifen abziehen. Zucchinistreifen, Sojasprossen und Hähnchenfleisch oder Tofu-Puffs in das heiße Curry geben und 1–2 Minuten darin ziehen lassen.

**4** Die Nudeln und das Curry auf Schüsseln verteilen und mit Koriander, roten Zwiebeln sowie Chilischoten bestreut und einem kräftigen Spritzer Limettensaft beträufelt sofort servieren.

# Wantan-Nudelsuppe

FÜR 2 PERSONEN

12 TK-Garnelen-Wantans
2 Nester frische Wantan- oder dünne Eiernudeln
600 ml Hähnchen-Knochenbrühe oder Hähnchenbrühe
3 EL Austernsauce
1 EL helle Sojasauce
1 TL Fischsauce
2 TL Demerara-Zucker
1 EL geröstetes Sesamöl
2 Frühlingszwiebeln, grüne Teile in feine Ringe geschnitten

**Abgesehen von Dumplings, die ich gern zu Ramen, in Suppen oder auch einfach so als Snack esse, finden sich in meinem Gefrierfach immer verschiedene Dim-Sum-Varianten – etwa Cheung Fun, Siu Mai und Har Gau (gedämpfte Knödel) – und natürlich Wantans. Auch Wantans sind toll als Snack, sie schmecken meiner Meinung nach aber besonders lecker in dieser schnellen Version der klassischen kantonesischen Wantan-Nudelsuppe. Was mich immer besonders begeistert, ist, dass die tiefgekühlten Wantans tatsächlich in der Zeit gar sind, die man braucht, um eine schnelle Brühe und ein paar Nudeln zu kochen, sodass man in weniger als 15 Minuten eine reichhaltige Mahlzeit auf dem Tisch hat. Auf Seite 23 finden Sie einige meiner Lieblings-TK-Wantan-Marken.**

1 Einen großen Topf mit Wasser füllen und dieses zum Kochen bringen. Die Wantans hineingeben und nach Packungsangabe garen. Einen Timer stellen und die Nudeln so dazugeben, dass die auf der Packung angegebene Kochzeit mit der auf dem Timer verbleibenden Zeit übereinstimmt.

2 Die Brühe in einen zweiten Topf geben, zum Köcheln bringen, mit Austernsauce, heller Sojasauce, Fischsauce, Zucker und Sesamöl abschmecken, gut umrühren und dann auf zwei große Schüsseln verteilen.

3 Die fertigen Nudeln direkt aus dem Kochwasser in die Brühe geben, die Wantans darauf verteilen, mit Frühlingszwiebeln bestreuen und dann sofort servieren, damit sich die Nudeln nicht zu sehr mit Brühe vollsaugen.

# Schnelle Knoblauch-Miso-Ramen

FÜR 2 PERSONEN

2 EL neutrales Öl
2 Knoblauchzehen, gerieben oder zerdrückt
ein etwa 2,5 cm großes Stück Ingwer, geschält und gerieben
600 ml Hähnchen-Knochenbrühe
3 EL weiße Misopaste
4 EL Hafermilch
2 EL helle Sojasauce
2 EL Mirin
¼ TL frisch gemahlener schwarzer Pfeffer
200 g Schweinehackfleisch
2 EL Sojabohnensauce
1 TL dunkle Sojasauce
1 Ei
2 Nester frische oder getrocknete Ramen-Nudeln
1 Handvoll Sojasprossen
1 kleine Lauchstange, fein gehackt
½ Nori-Blatt, geviertelt
1 EL Furikake

**Es lohnt sich, Brühe selbst zu kochen (in meinem Buch *Bowls & Broths* finden Sie zahlreiche Anregungen und Tipps dazu), aber auch wenn man dafür keine Zeit hat, muss man nicht auf eine dampfende Schüssel Ramen verzichten. Zum Glück kann man nämlich heute in vielen Supermärkten sowie online (siehe Seite 165) qualitativ hochwertige fertige Brühe kaufen, die einen intensiveren Geschmack hat als jene aus Suppenpulver oder -würfeln. Das Nonplusultra dabei ist Knochenbrühe: Das Kollagen und das Fett aus den Knochen sorgen für intensive Aromen – und das ist genau das, was man für dieses schnelle Ramen-Rezept braucht!**

1 1 EL Öl in einen großen Topf geben und bei mittlerer Temperatur erhitzen. Knoblauch und Ingwer hineingeben und unter Rühren etwa 30 Sekunden anbraten, bis es herrlich zu duften beginnt. Die Knochenbrühe dazugeben und zum Köcheln bringen, dann Misopaste, Hafermilch, helle Sojasauce, Mirin und Pfeffer dazugeben und mit einem Schneebesen oder einer Gabel verrühren, bis sich die Misopaste aufgelöst hat (schneller geht es mit einem Stabmixer – aber Vorsicht: Die heiße Flüssigkeit kann spritzen!). Die Brühe bei geringer Hitze sanft köcheln lassen.

2 In der Zwischenzeit für die Nudeln einen großen Topf mit Wasser füllen und dieses zum Kochen bringen.

3 Das restliche Öl (1 EL) in eine schwere beschichtete Pfanne geben und bei hoher Temperatur erhitzen. Das Schweinehackfleisch hineingeben und unter gelegentlichem Umrühren 3–4 Minuten anbraten, bis es rundherum goldbraun und knusprig ist. Sojabohnensauce und dunkle Sojasauce sowie einen Schuss heißes Wasser aus dem Topf dazugeben, alles gut verrühren und bei geringer Hitze köcheln lassen.

4 Das Ei in den Topf mit dem kochenden Wasser geben und einen Timer auf 6 Minuten und 45 Sekunden stellen. Nach etwa 2 Minuten die Ramen-Nudeln dazugeben und nach Packungsangabe kochen. Wenn der Timer noch 1 Minute anzeigt, die Sojasprossen dazugeben. Wenn der Timer abgelaufen ist, das Ei, die Nudeln und die Sojasprossen abgießen und die Nudeln und die Sojasprossen auf zwei Schüsseln verteilen. Das Ei kurz abkühlen lassen, dann schälen und halbieren.

5 Die Nudeln und die Sojasprossen mit der heißen Brühe übergießen, je die Hälfte des Hackfleisches, ein halbes Ei, etwas gehackten Lauch, ein gevierteltes Nori-Blatt und etwas Furikake daraufgeben und sofort servieren.

# Unkompliziert

20+ MINUTEN

# Keine nuklearen Feuernudeln

FÜR 2 PERSONEN

- 1 EL Gochujang
- 1 EL Sriracha-Sauce (oder eine andere fruchtig-scharfe Sauce)
- ½ EL Hähnchen-Suppenpulver
- 1 Knoblauchzehe, gerieben
- ½ EL helle Sojasauce
- ½ EL feiner Rohrzucker
- ½ EL geröstetes Sesamöl
- 2 Nester Ramen-Nudeln (frisch oder getrocknet)
- 1 EL neutrales Öl
- 2 Hähnchenschenkel ohne Knochen, in dünne Scheiben geschnitten
- 2 Frühlingszwiebeln, in feine Ringe geschnitten
- 2 Eigelb (optional)
- ½ Nori-Blatt, in kleine Stücke gerissen
- 1 EL frittierter Knoblauch

**Buldak Nuclear Fire Noodles, die beliebtesten Instant-Nudeln des koreanischen Unternehmens Samyang, sind zu einem echten Internetphänomen geworden: Zahlreiche Tiktoker und Youtuber filmen sich dabei, wie sie die unglaublich scharfen Nudeln essen – und dafür mit extrem viel Schweiß und tropfenden Nasen bezahlen! Die feurigen Instant-Nudeln sind aber nicht nur unglaublich scharf (4.404 Scoville, um genau zu sein), sondern auch wirklich sehr, sehr lecker. Meine nicht atomare Version mit saftigem Hähnchenfleisch zeichnet sich durch etwas weniger Schärfe, aber dieselben köstlichen Aromen aus.**

**Ich gebe zum Schluss gern noch ein rohes Eigelb auf die Nudeln, das durch die Resthitze sanft gegart und wunderbar cremig wird. Alternativ kann man auch ein Spiegelei daraufgeben. Für eine vegane Variante das Ei und das Hähnchenfleisch weglassen und statt des Hähnchen-Suppenpulvers einfach Pilz-Suppenpulver verwenden.**

1. Gochujang, Sriracha-Sauce, Suppenpulver, Knoblauch, helle Sojasauce, Zucker und Sesamöl in einen Krug geben und gut verrühren.
2. Einen Topf mit Wasser füllen und dieses zum Kochen bringen. Die Nudeln hineingeben und nach Packungsangabe kochen. Kurz bevor die Nudeln fertig sind, 4 EL Nudelwasser in den Krug mit der Sauce geben. Die fertigen Nudeln abgießen und unter fließendem kaltem Wasser abschrecken, dabei die Nudeln mit den Fingern vorsichtig zerteilen, damit sie nicht zusammenkleben.
3. Das Öl in eine schwere beschichtete Pfanne geben und erhitzen. Das Hähnchenfleisch dazugeben und unter Wenden anbraten, bis sich die Poren geschlossen haben. Die Sauce aus dem Krug dazugeben und 2–3 Minuten köcheln lassen, bis das Hähnchen gar ist. Nudeln und Frühlingszwiebeln dazugeben und alles gut vermischen, bis die Nudeln komplett mit Sauce überzogen sind.
4. Die Nudeln auf zwei Schüsseln verteilen, jeweils eine kleine Mulde in die Mitte drücken und nach Wunsch ein Eigelb hineingeben. Die Nudeln mit Nori-Blättern und frittiertem Knoblauch bestreuen und sofort servieren.

# Peggys Nudeln

FÜR 2 ERWACHSENE UND 1 KLEINKIND

2 EL helle Sojasauce
1 EL geröstetes Sesamöl
1 TL Ahornsirup
1 kleine Karotte, in Scheiben geschnitten oder sternförmig ausgestochen
3 Nester getrocknete Soba-Nudeln
1 Handvoll Erbsen (oder Mais)
1 EL Olivenöl
2 EL Butter
2 Knoblauchzehen, zerdrückt oder gerieben
300 g Champignons, geviertelt
14 TK-Riesengarnelen, aufgetaut

**Als meine Tochter Peggy ihre ersten Zähne bekam, kaufte ich kleine Gemüseausstecher in verschiedenen Formen – das damit ausgestochene Gemüse sollte sie beim Essen ablenken und beschäftigen, und es machte ihr wirklich unglaublich viel Spaß! Zudem können Kinder auch beim Ausstechen toll mithelfen und entwickeln so ein Interesse für gesunde Lebensmittel wie Obst und Gemüse.**

**Soba-Nudeln sind Peggys absolute Lieblingsnudeln, und das ist auch für mich ziemlich praktisch, weil sie in nur vier Minuten gar sind. Außerdem ist sie absolut verrückt nach Garnelen – da das aber vermutlich nicht bei allen Kleinkindern der Fall ist, kann man stattdessen auch einfach eine andere Proteinquelle verwenden. Um das Essen noch etwas interessanter zu machen, gebe ich die Sauce hier meist in einem kleinen Messlöffel auf den Tellerrand, so können kleine (und große) Esser ihr Essen am Tisch selbst fertig zubereiten.**

1. Helle Sojasauce, Sesamöl und Ahornsirup in eine Schüssel geben und verrühren.

2. Einen Topf mit Wasser füllen und dieses zum Kochen bringen. Die Karottenscheiben oder -sterne hineingeben und etwa 10 Minuten blanchieren, bis sie weich sind. Nach etwa 5–6 Minuten die Nudeln und nach etwa 8 Minuten die Erbsen dazugeben. Schließlich das Gemüse und die Nudeln abgießen und kurz beiseitestellen.

3. Olivenöl und Butter in eine schwere beschichtete Pfanne geben und bei mittlerer Temperatur erhitzen. Den Knoblauch hineingeben und unter Rühren etwa 30 Sekunden anbraten, bis es herrlich zu duften beginnt. Die Champignons dazugeben und unter Rühren 3–4 Minuten anbraten, bis sie rundherum goldbraun sind. Schließlich die Garnelen dazugeben und weitere 3–4 Minuten anbraten, bis sie rosa sind. Die Hitze reduzieren, das Gemüse und die Nudeln dazugeben und alles gut vermischen.

4. Schließlich die Sauce in die Pfanne geben und gut unterrühren – oder alternativ die Sauce separat zu den Nudeln servieren, sodass alle ihre Nudeln am Tisch selbst fertig zubereiten können!

# Lo Mein mit Riesengarnelen

FÜR 2 PERSONEN

- 2 Nester frische oder getrocknete Eiernudeln
- 3 EL helle Sojasauce
- 2 EL Austernsauce
- 1 EL dunkle Sojasauce
- ½ EL feiner Rohrzucker
- ½ EL geröstetes Sesamöl
- 2 EL neutrales Öl
- 2 Knoblauchzehen, gerieben oder in Scheiben geschnitten
- 10 TK-Riesengarnelen, aufgetaut
- 1 EL Shaoxing-Reiswein
- 1 kleine Karotte, fein gerieben
- 1 Handvoll Choi Sum oder Pak Choi, gehackt
- 1 Handvoll Sojasprossen
- 6 Frühlingszwiebeln, in Stifte geschnitten

**Bei diesem simplen Lo-Mein-Rezept werden die Nudeln gekocht und dann mit den Riesengarnelen und dem gegarten Gemüse vermischt – und das war's auch schon! Besonders wichtig ist dabei, dass das Gemüse im Vorhinein vorbereitet und geschnitten wird, sodass dann alles relativ schnell geht und es nicht zu lange gart und dadurch zu weich wird. Wenn man den Dreh einmal heraus hat, dann klappt dieses Gericht mit wenigen Handgriffen jedes Mal wie von selbst.**

1. Die Nudeln nach Packungsangabe kochen, bis sie al dente sind. Die fertigen Nudeln abgießen und unter fließendem kaltem Wasser abschrecken, dabei die Nudeln mit den Fingern vorsichtig zerteilen, damit sie nicht zusammenkleben.

2. In der Zwischenzeit helle Sojasauce, Austernsauce, dunkle Sojasauce, Zucker und Sesamöl in eine kleine Schüssel oder einen Krug geben und gut verrühren.

3. Das Öl in eine schwere beschichtete Pfanne oder einen Wok geben und bei mittlerer Temperatur erhitzen. Den Knoblauch hineingeben, unter Rühren etwa 20 Sekunden anbraten – dabei darauf achten, dass er nicht zu schnell Farbe annimmt – und dann die Riesengarnelen dazugeben. Garnelen und Knoblauch unter Rühren etwa 2 Minuten anbraten, bis die Garnelen beginnen, rosa zu werden. Mit Reiswein ablöschen und etwa 1 Minute sanft köcheln lassen, bis der Alkohol verflogen ist. Karotten und Choi Sum oder Pak Choi dazugeben und unter Rühren 3–4 Minuten anbraten. Dann die Nudeln und die Sauce dazugeben und alles gut vermischen.

4. Schließlich die Sojasprossen dazugeben, eine weitere Minute anbraten, dann die Pfanne von der Hitze nehmen und die Nudeln mit Frühlingszwiebeln bestreut sofort servieren.

# Gebratene Nudeln mit Rindfleisch und Brokkoli

FÜR 2 PERSONEN

1 EL Speisestärke
1 EL helle Sojasauce
1 Rumpsteak, in dünne Streifen geschnitten
½ Brokkoli, in Röschen zerteilt
2 Nester Eiernudeln oder 120 g Spaghetti
2 EL neutrales Öl
4 Knoblauchzehen, gerieben
3 Frühlingszwiebeln, in feine Ringe geschnitten

**Für die Sauce**
2 EL helle Sojasauce
1 EL Austernsauce
½ EL dunkle Sojasauce
½ EL geröstetes Sesamöl
2 EL Szechuan-Chili-Öl oder Lao-Gan-Ma-Crispy-Chili-Öl
½ EL feiner Rohrzucker

**Ich liebe Brokkoli in all seinen Formen und Zubereitungsarten und versuche daher immer, ihn in verschiedenste Gerichte zu integrieren. Zum Glück ist das nicht schwer, denn er passt zu so gut wie allem!**

**Die klassische Kombination aus gebratenem Rindfleisch und Brokkoli ist in China sehr beliebt. Dieses Rezept ist inspiriert vom Gericht Gai Lan Chao Niu Rou mit Rindfleisch und Kai-lan (Chinesischer Brokkoli), das meist mit Reis serviert wird. Ich verwende hier statt Chinesischem Brokkoli normalen Brokkoli, den man auch in vielen chinesischen Restaurants außerhalb Chinas bekommt, wo je nach Verfügbarkeit lokale Produkte verwendet werden. Und statt Reis gibt es Nudeln!**

**1** Speisestärke, helle Sojasauce und 1 EL Wasser in eine Schüssel geben und gut verrühren. Die Steakstreifen dazugeben und in der Mischung wenden, bis sie komplett damit überzogen sind. Das Fleisch in der Marinade ziehen lassen und in der Zwischenzeit Gemüse und Nudeln zubereiten.

**2** Einen großen Topf mit Wasser füllen und dieses zum Kochen bringen. Die Brokkoliröschen hineingeben und 3–5 Minuten blanchieren, bis sie weich sind, aber noch intensiv grün leuchten. Die Brokkoliröschen in einer Schüssel mit Eiswasser abschrecken und darin kurz beiseitestellen.

**3** Nun die Nudeln in das heiße Wasser geben und 2 Minuten kürzer als auf der Packung angegeben kochen. Die fertigen Nudeln abgießen und unter fließendem kaltem Wasser abschrecken, dabei die Nudeln mit den Fingern vorsichtig zerteilen, damit sie nicht zusammenkleben.

**4** Alle Zutaten für die Sauce in eine Schüssel geben und gut verrühren.

**5** 1 EL Öl in einen Wok oder eine schwere beschichtete Pfanne geben und erhitzen. Die marinierten Steakstreifen hineingeben und 3–5 Minuten anbraten, bis sie goldbraun und knusprig sind. Die Steakstreifen herausnehmen und die Pfanne sauberwischen.

**6** Das restliche Öl (1 EL) in die Pfanne geben und bei mittlerer Temperatur erhitzen. Den Knoblauch hineingeben und unter Rühren 30 Sekunden anbraten, dann Brokkoli und Steakstreifen dazugeben und 1 Minute anbraten.

**7** Die Nudeln nochmals kurz unter kaltem Wasser abspülen, dann in die Pfanne geben und alles gut vermischen. Die Sauce und die Frühlingszwiebeln dazugeben, gut umrühren und etwa 30 Sekunden erhitzen.

**8** Die Pfanne von der Hitze nehmen und die Nudeln sofort servieren.

# Unter-der-Woche-Pad-Thai

FÜR 2 PERSONEN

240 g flache, breite Reisnudeln (Pad-Thai-Nudeln)
5 EL Tamarindenpaste
3 EL Palmzucker oder Demerara-Zucker
3 EL Fischsauce
1–2 EL neutrales Öl
2 Eier
80 g fester Tofu, in Würfel geschnitten
2 große Knoblauchzehen, gerieben oder zerdrückt
12 TK-Riesengarnelen, aufgetaut
2 Handvoll Sojasprossen
2 Frühlingszwiebeln, in etwa 2,5 cm große Stücke geschnitten
2 EL gesalzene Erdnüsse, grob gehackt
1 EL Szechuan-Chiliflocken oder Gochugaru
2 Limetten, in Spalten geschnitten

**Auf den ersten Blick ist Pad Thai ein ziemlich einfaches Gericht, man braucht aber das richtige Know-how und etwas Übung, um es wirklich perfekt hinzubekommen. Eines der unvergesslichsten Pad Thais habe ich in Bangkok gegessen, und zwar nicht nur, weil die Nudeln dabei in köstliche kleine Omelettpäckchen geschlagen wurden, sondern vor allem, weil es einfach irre war, dem Koch, der einen Cowboyhut und ein Snoopy-T-Shirt trug, dabei zuzusehen, wie er mit dem Wok auf der heißen Flamme hantierte, während aus den Lautsprechern ohrenbetäubende Rockmusik plärrte.**

**Diese schnelle Variante ist ein tolles Pad-Thai-Einsteigerprojekt: Man braucht nicht viel und hat in Sekundenschnelle ein leckeres Abendessen auf dem Tisch – genau richtig, wenn es unter der Woche mal wieder stressig ist. Die Foodautorin Leela Punyaratabandhu, auf deren Blog *She Simmers man* unzählige Pad-Thai-Tipps findet, empfiehlt frische Reisnudeln. Es ist zwar nicht einfach, sie zu bekommen, aber wenn man die Gelegenheit dazu hat, sollte man unbedingt zuschlagen – und dasselbe gilt für eingelegte Radieschen! Viele Rezepte enthalten außerdem Knoblauch-Schnittlauch, den man wie ich hier aber auch einfach durch Frühlingszwiebeln ersetzen kann.**

1 Die Nudeln nach Packungsangabe in heißem Wasser einweichen, bis sie al dente sind – sie dürfen nicht zu weich sein, sonst kleben sie zusammen! Die fertigen Nudeln abgießen und unter fließendem kaltem Wasser abschrecken, dabei die Nudeln mit den Fingern vorsichtig zerteilen, damit sie nicht zusammenkleben.

2 Tamarindenpaste, Zucker und Fischsauce in eine Schüssel oder einen Krug geben und verrühren, bis sich der Zucker aufgelöst hat.

3 1 EL Öl in eine schwere beschichtete Pfanne oder einen Wok geben und bei hoher Temperatur erhitzen. Die Eier hineingeben, von beiden Seiten anbraten, bis sie stocken, dann mit einem Spatel in 4–5 Stücke zerteilen und diese an eine Seite der Pfanne schieben. Wenn nötig noch etwas Öl und dann Tofu und Knoblauch in die Pfanne geben und unter Rühren etwa 2 Minuten anbraten, bis der Tofu goldbraun ist.

4 Die Garnelen dazugeben, alles gut vermischen und unter Rühren anbraten, bis die Garnelen beginnen, rosa zu werden. Sojasprossen und Frühlingszwiebeln dazugeben und etwa 30 Sekunden mit anbraten. Die Nudeln und die Sauce dazugeben und alles gut vermischen – dabei sollte man zügig arbeiten, denn die Nudeln dürfen nicht mehr zu lange in der Pfanne sein, da sie sonstzusammenkleben! Das fertige Pad Thai von der Hitze nehmen, mit Erdnüssen und Szechuan-Chiliflocken bestreuen und mit Limettenspalten zum Beträufeln servieren.

# Salt and Pepper Nudeln mit Tintenfisch

FÜR 2 PERSONEN

- 2 Nester frische oder getrocknete dicke Lo-Mein-Eiernudeln
- 2 EL helle Sojasauce
- 2 TL Ahornsirup
- 1 TL weißer Reisessig
- 2 TL geröstetes Sesamöl
- 1 EL Sriracha-Sauce
- 2 EL neutrales Öl
- 1 mittelgroße Zwiebel, in Ringe geschnitten
- ein etwa 2,5 cm großes Stück Ingwer, geschält und gerieben
- 4 große Knoblauchzehen, zerdrückt oder gerieben
- 3 Frühlingszwiebeln, fein gehackt
- 250 g TK-Tintenfischringe oder TK-Tintenfischarme, aufgetaut und in Ringe geschnitten
- 1 kleine rote Paprika, fein gehackt
- 1 rote Chilischote, in Ringe geschnitten
- 1 grüne Chilischote, in Ringe geschnitten
- 1 EL Salt & Pepper Seasoning (von KMC)
- 1 kleine Handvoll Koriander, grob gehackt
- 1 Limette, in Spalten geschnitten

**Salt & Pepper Squid – Tintenfisch mit Salt & Pepper Seasoning – ist eines meiner absoluten Lieblingsgerichte, und zwar nicht nur weil ich Tintenfisch liebe (ich bin ehrlich gesagt sogar ganz verrückt danach!), sondern weil jeder Bissen eine unglaubliche Geschmacksexplosion ist. Der knusprig frittierte Tintenfisch wird meist mit angebratenen Chilis, Frühlingszwiebeln und Knoblauch auf knackigen Salatblättern serviert – und ist jedes Mal ein Gedicht!**

**Dieses Gericht ist eine Hommage an den klassischen Salt & Pepper Squid, allerdings wird er hier gebraten anstatt frittiert und mit Nudeln serviert. Die wichtigste Zutat ist dabei das Salt & Pepper Seasoning, das für die perfekte geschmackliche Balance sorgt. Man kann es online bestellen oder im Asiamarkt kaufen (am besten von KMC).**

1. Einen Topf mit Wasser füllen und dieses zum Kochen bringen. Die Nudeln hineingeben und 1 Minute kürzer als auf der Packung angegeben kochen. Die fertigen Nudeln abgießen und unter fließendem kaltem Wasser abschrecken, dabei die Nudeln mit den Fingern vorsichtig zerteilen, damit sie nicht zusammenkleben.

2. In der Zwischenzeit helle Sojasauce, Ahornsirup, Reisessig, Sesamöl und Sriracha-Sauce in einen Krug geben und gut verrühren.

3. Das Öl in eine schwere beschichtete Pfanne oder einen Wok geben und erhitzen. Die Zwiebeln dazugeben und unter Rühren 2–3 Minuten anbraten, bis sie glasig werden. Ingwer, Knoblauch und Frühlingszwiebeln dazugeben und unter Rühren etwa 1 Minute anbraten, dabei darauf achten, dass sie nicht zu schnell Farbe annehmen. Die aufgetauten Tintenfischringe dazugeben und unter Rühren 1 Minute anbraten, dann Paprika und Chilischoten dazugeben und unter Rühren eine weitere Minute anbraten. Schließlich das Salt & Pepper Seasoning dazugeben.

4. Die Nudeln und die Sauce dazugeben, alles gut vermischen und mit Koriander bestreut und Limettenspalten zum Beträufeln sofort servieren.

# Englisches-Frühstück-Yakisoba

FÜR 2 PERSONEN

2 Nester frische oder getrocknete Yakisoba-Nudeln
3 TL geröstetes Sesamöl
1 TL Dashi-Pulver
2 EL helle Sojasauce
3 EL japanische Worcestershire-Sauce
1 EL Austernsauce
2 EL Mirin
¼ TL Meersalz
¼ TL frisch gemahlener schwarzer Pfeffer
3 TL neutrales Öl
3 fettreicher Räucherspeck (oder Speck), in etwa 2 cm große Würfel geschnitten
8 Champignons, geviertelt
½ Zwiebel, in Ringe geschnitten
2 Frühlingszwiebeln, in etwa 2,5 cm große Stücke geschnitten
2 Eier
1 EL Furikake

**Das klassische englische Frühstück ist eines der Gerichte, die ich in meinem Leben wohl am häufigsten gegessen habe. Irgendwie sind die Grundzutaten dafür nämlich immer genau das, was man noch in irgendwelchen Ecken im Kühlschrank und im Vorratsschrank findet: eine Dose Baked Beans, Frühstücksspeck und Eier. Heute esse ich das klassische englische Frühstück (»breakfast«) auch gern zum Abendessen (»dinner«) – als sogenanntes »brinner«. Traditionell würde man dazu Toast oder Hashbrowns servieren, aber wenn man es abends isst, passen Nudeln mindestens genauso gut.**

**Für die meisten Briten ist Brown Sauce ein absolutes Frühstücks-Muss. Und die leicht süßliche japanische Worcestershire-Sauce, die meist mit Yakisoba-Nudeln kombiniert wird, kommt der Brown Sauce eigentlich ziemlich nahe – daher bin ich davon ausgegangen, dass ein von klassischen Yakisoba inspiriertes Gericht ganz sicher am besten mit den typischen Frühstückszutaten harmoniert. Und was soll ich sagen: Ich hatte recht!**

1 Die Yakisoba-Nudeln nach Packungsangabe kochen. Die fertigen Nudeln abgießen und unter fließendem kaltem Wasser abschrecken, dabei die Nudeln mit den Fingern vorsichtig zerteilen, damit sie nicht zusammenkleben. 1 TL Sesamöl zu den Nudeln geben und gut verrühren, bis sie damit überzogen sind.

2 Das übrige Sesamöl (2 TL), das Dashi-Pulver, die helle Sojasauce, die Worcestershire-Sauce, die Austernsauce, den Mirin sowie Salz und Pfeffer in einen Krug geben und gut verrühren.

3 1 TL Öl in eine schwere beschichtete Pfanne geben und bei mittlerer Temperatur erhitzen. Die Speckwürfel hineingeben und etwa 2–3 Minuten ohne Umrühren anbraten, bis das Fett austritt und sie schön knusprig sind. Dann die Champignons dazugeben und unter Rühren kurz mit anbraten, schließlich die Zwiebeln dazugeben und eine weitere Minute unter Rühren anbraten. Die Frühlingszwiebeln dazugeben und unter Rühren etwa 30 Sekunden anbraten, dann die Nudeln und die Sauce dazugeben und unter Rühren 1–2 Minuten anbraten, bis die Nudeln die Sauce aufgenommen haben. Die Pfanne von der Hitze nehmen.

4 Das übrige Öl in eine saubere beschichtete Pfanne geben und die Eier nach Wunsch braten.

5 Die Nudeln mit je einem Spiegelei und mit Furikake bestreut servieren.

# Scharfe Udon-Nudeln mit Meeresfrüchten

FÜR 4 PERSONEN

- 6 EL helle Sojasauce
- 2 EL Austernsauce
- 2 EL Gochugaru
- 4 EL Gochujang
- 2 EL Mirin
- ½ EL Dashi-Pulver
- 2 EL Ahornsirup
- 1 TL geröstetes Sesamöl
- 1 EL neutrales Öl
- ein etwa 2,5 cm großes Stück Ingwer, geschält und gerieben
- 5 große Knoblauchzehen, zerdrückt oder gerieben
- 1 kleine Karotte, geschält und fein gerieben
- 1 grüne Chilischote, in Ringe geschnitten
- 1 mittelgroße Zwiebel, in dicke Streifen geschnitten
- 4 Nester TK-Udon-Nudeln
- 16 TK-Riesengarnelen, aufgetaut
- 2 große, geputzte TK-Tintenfische mit Armen, aufgetaut und in Ringe geschnitten
- 8 TK-Meeresfrüchtebällchen, aufgetaut (mir schmecken am besten Garnelen- oder Hummerbällchen)
- 4 Handvoll TK-Venusmuscheln
- 1 kleine Zucchini, in feine Stifte geschnitten
- 6 Frühlingszwiebeln, in etwa 5 cm große Stücke geschnitten

**In vielen Asiamärkten und in den meisten großen Supermärkten gibt es eine große Bandbreite an qualitativ hochwertigen tiefgekühlten Meeresfrüchten, und ich habe immer einen Vorrat davon zu Hause: Tintenfischarme, geschälte Riesengarnelen, Tigergarnelen (mit Schale), ganze ausgenommene Tintenfische, geputzte Muscheln und Unagi (Süßwasseraal).**

**Was ich auch so gut wie immer im Gefrierfach habe, sind Udon-Nudeln. Sie sind dicker als die meisten anderen Nudeln, daher lassen sie sich nicht ganz so gut trocknen, und ich mag so oder so die gefrorenen Udon-Nudeln lieber, weil sie gekocht eine richtig tolle Textur haben: etwas Biss, aber doch wunderbar weich und elastisch. Wenn ich mir hingegen etwas besonders Gutes tun möchte, bestelle ich mir frische Udon-Nudeln – denn die sind eindeutig am allerbesten.**

**Dieses Gericht ist inspiriert von der klassischen koreanischen Meeresfrüchte-Nudelsuppe Jjamppong, bei der Gochujang und getrocknete Sardellen für eine tolle Schärfe und intensive Aromen sorgen. Hier werden die Nudeln zwar nicht in Suppe serviert, aber das Dashi-Pulver (das auch perfekt für schnelle Dashi-Brühen ist) sorgt für einen ähnlichen Geschmack wie die klassische Brühe.**

1. Helle Sojasauce, Austernsauce, Gochugaru, Gochujang, Mirin, Dashi-Pulver, Ahornsirup und Sesamöl in einen Krug geben und gut verrühren.
2. Einen großen Topf mit Wasser füllen und dieses zum Kochen bringen.
3. Das Öl in eine schwere beschichtete Pfanne oder einen Wok geben und bei hoher Temperatur erhitzen. Ingwer und Knoblauch hineingeben und unter Rühren 30 Sekunden anbraten, bis es herrlich zu duften beginnt. Karotten, Chilischoten und Zwiebeln dazugeben und unter Rühren weitere 1–2 Minuten anbraten.
4. Die Nudeln in das heiße Wasser geben und kurz umrühren, damit sie sich nicht am Boden des Topfes anlegen. Einen Timer auf die auf der Packung angegebene Kochzeit stellen.

→

5 In der Zwischenzeit Karotten und Zwiebeln auf eine Seite der Pfanne schieben, die Garnelen und die Tintenfischringe in die Pfanne geben und unter Rühren 2–3 Minuten anbraten, dabei darauf achten, dass sie nicht zu schnell Farbe annehmen. Meeresfrüchtebällchen, Muscheln und Zucchini dazugeben und eine weitere Minute anbraten.

6 Schließlich die Sauce sowie etwas Nudelwasser dazugeben und 2–3 Minuten sanft köcheln lassen, bis sich die Muscheln öffnen. Muscheln, die sich nicht geöffnet haben, müssen jetzt leider aussortiert werden, sie sollten nicht verzehrt werden. Die gehackten Frühlingszwiebeln dazugeben.

7 Wenn der Timer abgelaufen ist, die Nudeln mit einer Nudelzange direkt aus dem Kochwasser in die Pfanne mit den Meeresfrüchten und dem Gemüse geben, alles gut vermischen und dann 1–2 Minuten sanft köcheln lassen, bis die Sauce leicht eindickt. Die fertigen Nudeln sofort servieren.

# Nudeln mit Schwarzer-Bohnen-Paste und Pilzen

FÜR 2 PERSONEN · VG

60 g gemischte getrocknete Pilze
2 EL neutrales Öl
6 große Knoblauchzehen, zerdrückt
1 Zwiebel, in Würfel geschnitten
1 kleine Karotte, in Würfel geschnitten
1 grüne Chilischote, in Würfel geschnitten
2 getrocknete chinesische rote Chilischoten
200 g Champignons, grob gehackt
100 g frische Shiitake-Pilze, Stiele entfernt und grob gehackt
½ TL Meersalz
3 EL koreanische Schwarze-Bohnen-Paste (Chunjang)
2 EL vegetarische Austernsauce
1 EL Hoisin-Sauce
2 Nester taiwanesische Nudeln
½ Gurke, Kerngehäuse entfernt und in Stifte geschnitten
2 Frühlingszwiebeln, gehackt

**Dieses Rezept ist im Grunde eine Variante der koreanischen Jajangmyeon (siehe Seite 138), aber zugleich ein eigenständiges vegetarisches Gericht – vor allem wenn man wie ich Pilze liebt!**

**Wenn Sie keine frischen Shiitake-Pilze bekommen, verwenden Sie einfach andere Pilze, die Ihnen schmecken. Von der Textur her eher weichere Pilze wie Austernpilze kann man einfach in Stücke brechen, Kräuterseitlinge schneidet man am besten in Stücke und dann kreuzweise ein. Enoki- und Shimeji-Pilze wiederum kann man ruhig ganz lassen; und da sie vergleichsweise kurz brauchen, um gar zu werden, sollte man sie erst fünf Minuten vor Ende der Kochzeit dazugeben.**

**1** Die gemischten getrockneten Pilze in eine kleine Schüssel geben, mit heißem Wasser übergießen und 10–15 Minuten ziehen lassen, bis sie weich sind. Die Pilze abgießen und dabei die Einweichflüssigkeit auffangen.

**2** Das Öl in eine schwere beschichtete Pfanne geben und bei mittlerer Temperatur erhitzen. Knoblauch, Zwiebeln und Karotten hineingeben und unter Rühren 1–2 Minuten anbraten, bis die Zwiebeln glasig sind. Die frischen und die getrockneten Chilischoten dazugeben und kurz mit anbraten, dann die frischen und die eingeweichten Pilze sowie das Salz dazugeben und unter Rühren weitere 1–2 Minuten anbraten. Sobald die Pilz beginnen, Farbe anzunehmen, die Temperatur reduzieren und die Pilze ohne Rühren 4–5 Minuten anbraten, bis die Flüssigkeit verdampft ist.

**3** Schwarze-Bohnen-Paste, Austernsauce und Hoisin-Sauce sowie die Pilz-Einweichflüssigkeit dazugeben, gut unterrühren und etwa 5 Minuten köcheln lassen.

**4** In der Zwischenzeit die Nudeln nach Packungsangabe kochen.

**5** Die Nudeln auf zwei Schüsseln verteilen, Pilzsauce, Gurkenstifte und gehackte Frühlingszwiebeln daraufgeben und sofort servieren.

# Vermicelli mit Ente

FÜR 2 PERSONEN

- 2 Nester getrocknete Reis-Vermicelli
- ½ EL geröstetes Sesamöl
- 2 EL helle Sojasauce
- 1 EL Kecap Manis (süße Sojasauce)
- ¼ TL frisch gemahlener schwarzer Pfeffer
- ½ TL Demerara-Zucker
- 1 TL dunkle Sojasauce
- 1 EL neutrales Öl
- 2 Knoblauchzehen, gerieben oder zerdrückt
- 1 kleine Karotte, fein gerieben
- 1 lange rote Chilischote, in Ringe geschnitten
- 2 Pak Choi, Stiele entfernt und in Blätter zerteilt
- 250 g in Stücke zerteiltes Take-away-Entenfleisch oder ½ TK-Ente mit Knochen (etwa 400–500 g), nach Packungsangabe zubereitet und das Fleisch in Stücke zerteilt
- 2 Handvoll Sojasprossen
- 3 Frühlingszwiebeln, in etwa 2,5 cm große Stücke geschnitten

**Ente ist für mich etwas ganz Besonderes. Als ich klein war, gab es sie eigentlich nur, wenn wir in chinesischen Restaurants aßen, und es war immer ein absolutes Highlight. Egal ob Pfannkuchen mit knuspriger Ente oder Ente nach Hongkong-Art – der Geschmack und die Textur sind meiner Meinung nach einfach einzigartig lecker!**

**Leider bekommt man die berühmte knusprige Ente zu Hause fast nie so gut hin wie im Restaurant. Um es bei diesem Rezept daher wirklich einfach zu halten, ist es das Beste, fertige knusprige Ente aus einem Asiamarkt oder einem chinesischen Restaurant als Take-away zu holen oder eine ofenfertige Ente aus dem Tiefkühlfach zu verwenden.**

1. Die Vermicelli 1–2 Minuten kürzer als auf der Packung angegeben kochen – sie sollten sehr al dente sein, damit sie nicht zu schnell weich werden, wenn sie in der Pfanne angebraten werden. Die fertigen Nudeln abgießen und unter fließendem kaltem Wasser abschrecken, dabei die Nudeln mit den Fingern vorsichtig zerteilen, damit sie nicht zusammenkleben. Das Sesamöl zu den Nudeln geben und gut verrühren, bis sie damit überzogen sind.

2. Helle Sojasauce, Kecap Manis, Pfeffer, Zucker und dunkle Sojasauce in einen Krug geben und gut verrühren.

3. Das Öl in eine schwere beschichtete Pfanne oder einen Wok geben und bei hoher Temperatur erhitzen. Den Knoblauch hineingeben und unter Rühren 30 Sekunden anbraten, bis es herrlich zu duften beginnt. Karotten, Chilischoten und Pak Choi dazugeben und unter Rühren weitere 2 Minuten anbraten, bis der Pak Choi beginnt zusammenzufallen. Das Entenfleisch dazugeben und unter Rühren eine weitere Minute anbraten.

4. Sojasprossen und Frühlingszwiebeln dazugeben und eine weitere Minute anbraten, dann die Vermicelli dazugeben und etwa 30 Sekunden ohne Rühren anbraten, bis die Frühlingszwiebeln und die Nudeln beginnen, Farbe anzunehmen.

5. Schließlich die Sauce dazugeben, gut unterrühren, 1–2 Minuten sanft köcheln lassen, bis sie heiß ist – keinesfalls länger, sonst werden die Nudeln zu weich! – und dann sofort servieren.

# BBQ-Hähnchen-Nudeln

FÜR 4 PERSONEN

**Für das Hähnchen**
2 EL helle Sojasauce
1 EL Mirin
1 TL Speisestärke
4 Hähnchenschenkel ohne Knochen, in Stücke gehackt

**Für die Nudeln**
4 Nester frische oder getrocknete dicke Weizennudeln
2 EL neutrales Öl
2 TL Shaoxing-Reiswein
4 große Knoblauchzehen, gerieben oder zerdrückt
1 Zucchini, in Stücke geschnitten
2 Frühlingszwiebeln, fein gehackt
1 EL gerösteter Sesam

**Für die Sauce**
2 EL helle Sojasauce
1 EL Mirin
2 EL Apfelessig
2 EL Gochujang
4 EL Shacha-Sauce
2 EL Ahornsirup
1 EL geröstetes Sesamöl
1 TL Hähnchen-Suppenpulver
½ TL Meersalz

**Dieses Gericht ist die ultimative Kombination aus reichhaltig, süß, klebrig-lecker und scharf. Den Unterschied macht dabei die Shacha-Sauce, eine taiwanesische Würzsauce aus Knoblauch, Schalotten, Garnelen und Chilischoten. Sie wird manchmal auch als BBQ-Sauce bezeichnet und vor allem für Dips und Marinaden verwendet, hat ein tolles würziges Aroma und ist perfekt, um Gerichten ohne viel Aufwand einen tollen Geschmack zu verleihen.**

**Wichtig ist bei diesem Rezept, eine hochwertige beschichtete Pfanne zu verwenden, denn die Sauce karamellisiert und wird relativ klebrig – und man sollte sie daher zudem keineswegs aus den Augen lassen, da es sonst sein kann, dass sie anbrennt.**

1 Für das Hähnchen helle Sojasauce, Mirin und Speisestärke in eine Schüssel geben und gut verrühren. Das Hähnchenfleisch dazugeben und in der Mischung wenden, bis es komplett damit überzogen ist. Das Fleisch in der Marinade ziehen lassen und in der Zwischenzeit Nudeln und Sauce vorbereiten.

2 Die Nudeln nach Packungsangabe kochen. Die fertigen Nudeln abgießen und unter fließendem kaltem Wasser abschrecken, dabei die Nudeln mit den Fingern vorsichtig zerteilen, damit sie nicht zusammenkleben.

3 Alle Zutaten für die Sauce in einen Krug geben und gut verrühren.

4 Für die Nudeln das Öl in eine schwere beschichtete Pfanne oder einen Wok geben und bei hoher Temperatur erhitzen. Das Hähnchenfleisch hineingeben und ohne Rühren anbraten, bis es an der Unterseite knusprig ist, dann unter Wenden weiter anbraten, bis es rundherum goldbraun und knusprig ist. Mit Reiswein ablöschen und unter Rühren 3–4 Minuten verkochen lassen, bis sich der Bratsatz vom Boden der Pfanne gelöst hat. Knoblauch und Zucchini dazugeben und unter Rühren anbraten, dann die Sauce dazugeben und 1–2 Minuten erhitzen.

5 Schließlich die Nudeln dazugeben und alles gut vermischen, bis sie mit Sauce überzogen sind. Die Pfanne von der Hitze nehmen und die fertigen Nudeln mit Frühlingszwiebeln und Sesam bestreut servieren.

# Pad See Ew

FÜR 2 PERSONEN

240 g frische oder getrocknete breite Reisnudeln
2 EL thailändische helle Sojasauce
1 TL thailändische dunkle Sojasauce
2 EL thailändische Austernsauce
1 EL feiner Rohrzucker
¼ TL frisch gemahlener schwarzer Pfeffer
1 EL Schalottensauce von Bull Head
2–3 EL neutrales Öl
2 Eier
250 g Schweinerücken ohne Knochen oder Hähnchenschenkel ohne Knochen und Haut, in mundgerechte Stücke geschnitten
4 große Knoblauchzehen, zerdrückt oder gerieben
1 EL Fischsauce
1 Handvoll Kai-lan oder wilder Brokkoli, in etwa 2,5 cm große Stücke geschnitten – die Stiele dabei wenn nötig halbieren, sodass sie einen Durchmesser von etwa 1 cm haben

**Das thailändische Gericht Pad See Ew (wörtlich übersetzt: »gebratene Nudeln«) zeichnet sich vor allem durch das berühmte Wok Hei, den »Atem des Wok«, aus – das wunderbare Aroma, das entsteht, wenn man Zutaten in einem sehr heißen Wok anbrät (siehe Seite 21). Wichtig ist dabei, einen dünnwandigen Stahl-Wok zu verwenden und mit so viel Hitze wie möglich zu arbeiten. Außerdem sollte man nicht zu viele Nudeln gleichzeitig in den Wok geben, da sie sonst möglicherweise zusammenkleben – am besten gibt man sie in mehreren Portionen hinein. Jedes Mal, wenn man weitere Zutaten in den Wok gibt, reduziert sich die Hitze merklich, daher sollte man darauf achten, dass der Wok nicht zu voll ist, und immer gut umrühren, damit auch die »neuen« Zutaten mit genug Hitze in Berührung kommen.**

**Frische Reisnudeln sind für dieses Gericht am besten geeignet, alternativ kann man aber auch möglichst breite getrocknete Reisnudeln verwenden.**

1 Die Nudeln nach Packungsangabe kochen. Frische Nudeln müssen nur kurz in heißem Wasser eingeweicht und mit den Fingern zerteilt werden.

2 Helle und dunkle Sojasauce, Austernsauce, Zucker, Pfeffer und Schalottensauce in einen Krug geben und gut verrühren.

3 Das Öl in einen Wok geben und bei möglichst hoher Temperatur erhitzen. Die Eier hineingeben, von beiden Seiten anbraten, bis sie stocken, dann mit einem Spatel in 4–5 Stücke zerteilen und diese an eine Seite des Wok schieben.

4 Wenn nötig noch etwas Öl und dann das Schweine- oder das Hähnchenfleisch in den Wok geben und unter Rühren 30 Sekunden anbraten. Den Knoblauch dazugeben und unter Rühren weitere 30 Sekunden anbraten. Die Fischsauce dazugeben und zusammen mit den Eierstücken gut unterrühren. Kai-lan oder wilden Brokkoli dazugeben und unter Rühren 2–3 Minuten anbraten, bis er weich ist, aber noch intensiv grün leuchtet.

5 Die Nudeln dazugeben und alles gut vermischen. Anschließend alle Zutaten so im Wok verteilen, sodass sie möglichst viel Kontakt mit dem Boden und den Seitenwänden haben und ohne Rühren etwa 30 Sekunden anbraten, bis sie Farbe annehmen und es leicht rauchig riecht. Umrühren und diesen Schritt noch einmal wiederholen.

6 Die Sauce dazugeben, alles gut vermischen, bis die Nudeln komplett mit Sauce überzogen sind, eine weitere Minute erhitzen und die Nudeln dann sofort servieren.

# Nudeln mit fermentierten Bohnen und Rindfleisch

FÜR 4 PERSONEN

- 2 EL fermentierte schwarze Bohnen
- 2 EL helle Sojasauce
- 1 TL dunkle Sojasauce
- ¼ TL frisch gemahlener schwarzer Pfeffer
- 1 EL Shaoxing-Reiswein
- 1 TL Speisestärke
- 2 Rib-Eye- oder Sirloin-Steak, in dünne Streifen geschnitten
- ein etwa 2,5 cm großes Stück Ingwer, geschält und gerieben, Flüssigkeit aufgefangen
- 2 große Knoblauchzehen, gerieben
- 4 Nester mitteldicke Eiernudeln oder dicke Lo-Mein-Eiernudeln
- 1 EL neutrales Öl
- 1 kleine Zwiebel, in Ringe geschnitten
- 1 grüne Paprika, fein gehackt
- 1–2 große grüne Chilischoten, in Ringe geschnitten
- 200 ml salzreduzierte/salzfreie Hähnchen- oder Rinder-Knochenbrühe
- 1 TL Demerara-Zucker
- 3 Frühlingszwiebeln, fein gehackt oder in feine Ringe geschnitten

**Rindfleisch mit fermentierten schwarzen Bohnen ist ein Klassiker, den man auf der Speisekarte vieler chinesischer Restaurants findet. Durch die Fermentation erhalten die Bohnen ein unglaublich intensives Umami-Aroma – dieses wird zwar auch in anderen Küchen weltweit eingesetzt, man kennt es aber vor allem von kantonesischen Gerichten wie Spareribs mit schwarzen Bohnen. Bei diesem Gericht kombiniere ich dieses klassische Duo mit leckeren Eiernudeln.**

1. Die schwarzen Bohnen in eine Schüssel geben, mit 100 ml heißem Wasser übergießen und 10–15 Minuten ziehen lassen. In der Zwischenzeit die übrigen Zutaten vorbereiten.

2. Helle und dunkle Sojasauce, Pfeffer, Reiswein und Speisestärke in eine kleine Schüssel geben und gut verrühren. Die Steakstreifen dazugeben und in der Mischung wenden, bis sie komplett damit überzogen sind. Das Fleisch in der Marinade ziehen lassen.

3. Die eingeweichten Bohnen abgießen, mit Papiertüchern trockentupfen, dann wieder in die Schüssel geben und mit einer Gabel zerdrücken. Ingwer, Ingwerflüssigkeit und Knoblauch unterrühren.

4. Die Nudeln nach Packungsangabe kochen. Die fertigen Nudeln abgießen und unter fließendem kaltem Wasser abschrecken, dabei die Nudeln mit den Fingern vorsichtig zerteilen, damit sie nicht zusammenkleben.

5. Das Öl in eine schwere beschichtete Pfanne oder einen Wok geben und bei mittlerer Temperatur erhitzen. Die Steakstreifen mit einer Küchenzange in die Pfanne geben – dabei so viel Marinade wie möglich in die Schüssel abtropfen lassen – und die Marinade aufbewahren. Die Steakstreifen in der Pfanne verteilen, ohne Rühren Farbe annehmen lassen und dann unter Rühren weitere 2–3 Minuten anbraten, bis sie rundherum goldbraun und knusprig sind.

6. Zwiebeln, Paprika und Chilischoten dazugeben und unter Rühren 1–2 Minuten anbraten. Steakstreifen und Gemüse auf eine Seite der Pfanne schieben, die Bohnenpaste hineingeben und etwa 1 Minute anbraten, bis es herrlich zu duften beginnt. Dann die übrige Marinade, die Knochenbrühe und den Zucker dazugeben, alles gut verrühren und die Sauce köcheln lassen, bis sie leicht eindickt.

7. Die Nudeln dazugeben, alles gut vermischen und 1–2 Minuten erhitzen, bis die Nudeln möglichst viel Sauce aufgenommen haben und wunderbar glänzen. Mit Frühlingszwiebeln bestreuen und sofort servieren.

# Meine liebsten Kohlnudeln

FÜR 2 PERSONEN

4 getrocknete Shiitake-Pilze
2–3 Nester Mungbohnen-Vermicelli
1 EL helle Sojasauce
1 TL dunkle Sojasauce
1 EL Austernsauce
¼ TL Meersalz
1 TL feiner Rohrzucker
½ TL Hähnchen-Suppenpulver oder Pilz-Suppenpulver
2 EL neutrales Öl
2 Eier, verquirlt
2 Knoblauchzehen, gerieben
½ Spitz- oder Weißkohlkopf, gerieben
½ Karotte, fein gerieben

**Auf welches konkrete Gericht und auf welche Aromen ich Lust habe, variiert nach Stimmung, was dabei aber eigentlich immer gilt, ist: Ich brauche Textur, am besten etwas Knackiges! Und genau aus diesem Grund ist Weißkohl für mich ein absolutes Stargemüse – etwa in Form von chinesischem gebratenem Weißkohl oder Shou Si Bao Cai (was wörtlich übersetzt »zerrissener Weißkohl« heißt), einem vegetarischen Gericht, nach dem ich regelrecht süchtig bin. Es ist im Grunde relativ simpel und zeichnet sich vor allem durch sein Wok Hei (siehe Seite 21) aus: Der Weißkohl wird beim Anbraten wunderbar dunkel und erhält ein tolles rauchiges Aroma, bleibt aber dabei schön knackig. Dieses Rezept ist genau davon inspiriert und sozusagen meine persönliche Liebeserklärung an den Weißkohl.**

**1** Die Shiitake-Pilze in eine Schüssel geben, mit heißem Wasser übergießen und 10 Minuten ziehen lassen. In der Zwischenzeit die übrigen Zutaten vorbereiten. Sobald die Pilze weich sind, die Stiele entfernen und die Kappen in dünne Streifen schneiden.

**2** Die Nudeln nach Packungsangabe einweichen.

**3** In der Zwischenzeit helle und dunkle Sojasauce, Austernsauce, Salz, Zucker und Suppenpulver in einen Krug geben und gut verrühren, bis sich der Zucker und das Suppenpulver aufgelöst haben.

**4** 1 EL Öl in eine schwere beschichtete Pfanne oder einen Wok geben und bei mittlerer Temperatur erhitzen. Die Eier hineingeben und unter Rühren stocken lassen. Das Rührei aus der Pfanne nehmen und kurz beiseitestellen.

**5** Die Pfanne sauberwischen, das übrige Öl (1 EL) und dann den Knoblauch hineingeben und etwa 30 Sekunden anbraten, bis es herrlich zu duften beginnt. Weißkohl, eingeweichte Shiitake-Pilze und Karotten dazugeben und unter Rühren anbraten, bis der Weißkohl beginnt zusammenzufallen. Dann ohne Rühren weitere 1–2 Minuten anbraten, bis der Weißkohl an den Rändern sehr dunkel ist. Die Nudeln, das Rührei und die Sauce dazugeben, alles gut vermischen und dann sofort servieren.

# Nudeln mit fermentierten Bohnen und Tofu

FÜR 4 PERSONEN · V

- 2 EL fermentierte schwarze Bohnen
- 2 EL helle Sojasauce
- ¼ TL frisch gemahlener schwarzer Pfeffer
- 2 TL geröstetes Sesamöl
- 1 TL dunkle Sojasauce
- 1 TL Demerara-Zucker
- ein etwa 2,5 cm großes Stück Ingwer, geschält und gerieben, Flüssigkeit aufgefangen
- 2 große Knoblauchzehen, gerieben
- 4 Nester mitteldicke Eiernudeln oder Lo-Mein-Nudeln
- 2 EL neutrales Öl
- 300 g fester oder frittierter Tofu, in etwa 1 cm große Stücke geschnitten
- 1 große grüne Chilischote, in Ringe geschnitten
- 1 kleine Zwiebel, in Ringe geschnitten
- 1 grüne Paprika, fein gehackt
- 200 ml Gemüsebrühe
- 1 TL Speisestärke
- 4 Frühlingszwiebeln, in etwa 2,5 cm große Stücke geschnitten, sowie 1 Frühlingszwiebel, in Ringe geschnitten, zum Servieren

**Immer wenn ich eine Zeit lang nicht mehr chinesisch essen war, bekomme ich eine unglaubliche Lust auf das wunderbar salzige Umami-Aroma von fermentierten schwarzen Bohnen. Sie machen wirklich süchtig! Lange Zeit bin ich davor zurückgeschreckt, sie selbst zu Hause zuzubereiten – aber tatsächlich sind sie wirklich einfach zu verwenden, und das Beste ist, dass sie sich so gut wie ewig halten. Wenn mich jetzt also die Lust überkommt, gebe ich einfach einige fermentierte schwarze Bohnen in eine Schüssel, übergieße sie mit heißem Wasser, lasse sie kurz einweichen – und schon sind sie bereit zum Weiterverarbeiten!**

**1** Die fermentierten schwarzen Bohnen in eine Schüssel geben, mit etwa 100 ml heißem Wasser übergießen und 10–15 Minuten ziehen lassen. In der Zwischenzeit die übrigen Zutaten vorbereiten.

**2** Helle Sojasauce, Pfeffer, Sesamöl, dunkle Sojasauce und Zucker in einen Krug geben und gut verrühren.

**3** Die eingeweichten Bohnen abgießen, mit Papiertüchern trockentupfen, dann wieder in die Schüssel geben und mit einer Gabel zerdrücken. Ingwer, Ingwerflüssigkeit und Knoblauch unterrühren.

**4** Die Nudeln nach Packungsangabe kochen. Die fertigen Nudeln abgießen und unter fließendem kaltem Wasser abschrecken, dabei die Nudeln mit den Fingern vorsichtig zerteilen, damit sie nicht zusammenkleben.

**5** Das Öl in eine schwere beschichtete Pfanne oder einen Wok geben und bei mittlerer Temperatur erhitzen. Die Tofuscheiben von jeder Seite etwa 2 Minuten anbraten, bis sie goldbraun und knusprig sind, dann auf einen Teller geben und kurz beiseitestellen.

**6** Die Bohnenpaste in die Pfanne geben und unter Rühren etwa 1 Minute anbraten, bis es herrlich zu duften beginnt. Chilischoten, Zwiebeln und Paprika dazugeben und unter Rühren eine weitere Minute anbraten. Die Sauce und die Gemüsebrühe dazugeben, gut unterrühren und zum Köcheln bringen.

**7** Speisestärke und 1 EL kaltes Wasser in eine Schüssel geben und verrühren.

**8** Tofuscheiben und Frühlingszwiebeln in die Pfanne geben und dann die Speisestärkemischung unterrühren. Sobald die Sauce leicht eindickt, die Nudeln dazugeben, alles gut vermischen und dann mit Frühlingszwiebeln bestreut servieren.

# Cremige Miso-Pilz-Udon-Nudeln

FÜR 2 PERSONEN · V

15 g gehackte getrocknete Mu-Err-Pilze
4 getrocknete oder frische Shiitake-Pilze
2 Nester frische, getrocknete oder TK-Udon-Nudeln
1 EL weiße Misopaste
1 EL Frischkäse
1 EL helle Sojasauce
1 TL Demerara-Zucker
¼ TL frisch gemahlener schwarzer Pfeffer
1 EL neutrales Öl
1 EL Butter
2 Knoblauchzehen, zerdrückt oder gerieben
1 Portobello-Pilz, in feine Scheiben geschnitten
150 g Shimeji-Pilze
¼ TL Meersalz
2 kleine Handvoll Sojasprossen
2 Frühlingszwiebeln, in etwa 2 cm große Stücke geschnitten, plus ein paar grüne Frühlingszwiebelringe zum Servieren

**Frischkäse ist eine weitere Zutat, die ich eigentlich immer im Kühlschrank habe, weil er so unglaublich vielseitig ist. Die Kombination mit Nudeln ist vielleicht etwas ausgefallen, aber Frischkäse ist perfekt, um mit wenig Aufwand eine wunderbar cremige Sauce zu erhalten. Hier sorgen Sojasauce und Misopaste zudem für intensiv salzige Umami-Aromen, und das Beste ist: Dieses Gericht ist so einfach, dass man es nach ein paarmal Nach-Rezept-Kochen verinnerlicht hat und dann jederzeit spontan zubereiten kann!**

1 Mu-Err- und falls verwendet getrocknete Shiitake-Pilze in eine Schüssel geben, mit heißem Wasser übergießen und 10–15 Minuten ziehen lassen. Die Pilze abgießen und die Einweichflüssigkeit auffangen.

2 In der Zwischenzeit die Nudeln nach Packungsangabe kochen. Die fertigen Nudeln abgießen und unter fließendem kaltem Wasser abschrecken, dabei die Nudeln mit den Fingern vorsichtig zerteilen, damit sie nicht zusammenkleben.

3 Misopaste, Frischkäse, helle Sojasauce, Zucker, Pfeffer und Pilz-Einweichflüssigkeit in einen Krug geben und gut verrühren.

4 Das Öl in eine schwere beschichtete Pfanne oder einen Wok geben und bei mittlerer Temperatur erhitzen. Butter und Knoblauch hineingeben und den Knoblauch unter Rühren etwa 30 Sekunden anbraten, bis es herrlich zu duften beginnt. Die in Scheiben geschnittenen Portobello-Pilze dazugeben und von beiden Seiten anbraten, bis sie goldbraun sind. Dann Shiitake-, Mu-Err- und Shimeji-Pilze sowie Salz dazugeben und unter Rühren 2–3 Minuten anbraten.

5 Sojasprossen und Frühlingszwiebeln dazugeben und unter Rühren etwa 1 Minute anbraten, dann die Nudeln dazugeben, alles gut vermischen und eine weitere Minute anbraten. Die Hitze so weit reduzieren, wie es geht, die Sauce dazugeben, alles gut vermischen und kurz erhitzen. Die fertigen Nudeln mit Frühlingszwiebeln bestreuen und sofort servieren.

# Winterliches Rindfleisch-curry mit Udon-Nudeln

FÜR 4 PERSONEN

- 1 EL neutrales Öl
- 350–400 g Flanksteak, in Streifen geschnitten
- 2 große Knoblauchzehen, zerdrückt oder gerieben
- 1 kleine Zwiebel, in dicke Streifen geschnitten
- 2 kleine oder 1 mittelgroße Karotte, in feine Scheiben geschnitten (siehe Anmerkung)
- 90 g japanischer Currywürfel (ich verwende am liebsten die von Java Curry), grob gehackt
- 200 g Palmkohl oder Grünkohl, harte Stiele entfernt und in etwa 2,5 cm große Stücke geschnitten
- ¼ TL Meersalz
- 1 große Handvoll TK-Erbsen
- 4 Nester frische oder TK-Udon-Nudeln
- 4 EL eingelegter Ingwer

ANMERKUNG
Für besonders gleichmäßige, dünne Scheiben kann man die Karotten auch raspeln (dabei aber auf die Finger aufpassen!).

**Japanische Currywürfel sind für mich ein echtes Must-have. Ich verwende sie so oft, dass ich sie immer auf Vorrat kaufe, damit sie mir ja nicht ausgehen. Mit einem dieser Zauberwürfel und etwas Wasser als Basis hat man im Handumdrehen ein leckeres Essen auf dem Tisch – und bei den übrigen Zutaten kann man nach Lust und Laune variieren.**

**Ich verwende normalerweise die mittelscharfen Currywürfel von Golden Mountain, aber im Moment bin ich auch ganz begeistert von jenen von Java Curry, die mir der Restaurantbesitzer und Koch Tim Anderson empfohlen hat.**

**Das japanische Gericht Katsu – mit Pankomehl paniertes Schweine- oder Hähnchenfleisch mit Currysauce – ist eines der bekanntesten Gerichte, bei dem Currywürfel zum Einsatz kommen, sie eignen sich aber auch toll für klassische Currys, etwa mit langsam geschmortem Rindfleisch und Kartoffeln. Und in japanischen Curry-Restaurantketten kann man sich seine ganz persönliche Curry-Variante mit verschiedenen Toppings wie Rührei oder Garnelen-Tempura und leckeren Add-ons wie Mais oder Kimchi zusammenstellen.**

**Durch die dicken Udon-Nudeln und das viele Gemüse hat dieses Curry-Gericht für mich etwas wunderbar Winterliches – es schmeckt aber natürlich auch zu jeder anderen Jahreszeit.**

1. Das Öl in eine schwere beschichtete Pfanne geben und bei hoher Temperatur erhitzen. Die Steakstreifen von jeder Seite 2–3 Minuten anbraten, bis sie rundherum goldbraun sind, dann aus der Pfanne nehmen und kurz ruhen lassen.
2. Den Knoblauch in die Pfanne geben und unter Rühren etwa 30 Sekunden anbraten. Zwiebeln und Karotten dazugeben und unter Rühren 1–2 Minuten anbraten. 800 ml Wasser und den Currywürfel dazugeben, gut verrühren, bis sich der Currywürfel aufgelöst hat, und dann die Temperatur reduzieren.
3. Steakstreifen, Palmkohl und Salz dazugeben und das Curry 10–15 Minuten köcheln lassen, bis die Karotten weich sind. Die TK-Erbsen dazugeben und eine weitere Minute sanft köcheln lassen.
4. In der Zwischenzeit die Nudeln nach Packungsangabe kochen. Die fertigen Nudeln abgießen und auf vier tiefe Schüsseln verteilen. Das Curry darüber verteilen und dann mit eingelegtem Ingwer servieren.

# Garnelen-Tempura-Soba

FÜR 2 PERSONEN

8 tiefgekühlte frittierte Garnelen
2 Nester getrocknete Soba-Nudeln
100 g Choi Sum oder Pak Choi, in etwa 2,5 cm große Stücke geschnitten
1 EL Sake
2 EL Mirin
2 EL japanische Sojasauce
1 EL Dashi-Pulver
1 Frühlingszwiebel, in feine Ringe geschnitten
2 TL geröstetes Sesamöl

**Dieses japanisch inspirierte Gericht ist einfach, wunderbar wärmend und superlecker. Man braucht dafür vergleichsweise wenige frische Zutaten, und statt Choi Sum oder Pak Choi kann man im Grunde auch jedes andere Gemüse verwenden – und falls Sie gerade kein frisches Gemüse zu Hause haben, kann man es auch einfach weglassen. Ich verwende für dieses Gericht fertige frittierte Garnelen, so muss man weder einen Teig zubereiten noch eine Pfanne dreckig machen. Und auch Dashi-Brühe kann man nach Wunsch fertig kaufen: Ich hole mir meine immer vom Restaurant Koya in London – sie ist so gut, dass ich sie pur trinken könnte!**

**1** Die frittierten Garnelen nach Packungsangabe zubereiten. Ich finde, das geht am schnellsten in der Heißluftfritteuse, aber man kann sie natürlich auch im Backofen zubereiten.

**2** Wenn die Garnelen noch 10 Minuten brauchen, einen Topf mit Wasser füllen und dieses zum Kochen bringen. Die Soba-Nudeln und den Choi Sum oder Pak Choi dazugeben und etwa 4 Minuten (oder nach Packungsangabe) kochen. Die Nudeln und den Choi Sum oder Pak Choi abgießen und unter fließendem kaltem Wasser abschrecken.

**3** Zwei Schüsseln bereitstellen, in jede ½ EL Sake, 1 EL Mirin und 1 EL Sojasauce geben und gut umrühren.

**4** Das Dashi-Pulver in eine Schüssel geben, mit 500 ml heißem Wasser übergießen und gut verrühren. In jede Schüssel 250 ml Dashi-Brühe, die Hälfte der Nudeln und des Choi Sums oder Pak Chois sowie vier frittierte Garnelen geben, mit Frühlingszwiebeln bestreuen, mit Sesamöl beträufeln und dann sofort servieren.

# Nudeln mit Doubanjiang und Aubergine

FÜR 2 PERSONEN · VG

4 getrocknete Shiitake-Pilze
2 Nester dicke Weizennudeln
1 EL neutrales Öl
2 Knoblauchzehen, gerieben
1 große Aubergine, in etwa 1 cm große Würfel geschnitten
1½ EL Doubanjiang
2 EL Chinkiang (schwarzer Reisessig)
1 TL dunkle Sojasauce
1 EL helle Sojasauce
1 TL geröstetes Sesamöl
1 EL feiner Rohrzucker

**Auberginen und Doubanjiang – das ist eine scharfe Sauce aus fermentierten Bohnen – sind eine meiner absoluten Lieblingskombinationen. Dieses Rezept ist inspiriert vom traditionellen Szechuan-Gericht Yu Xiang, bei dem Doubanjiang die Hauptrolle spielt. Yu Xiang heißt übersetzt so viel wie »nach Fisch duftend«, allerdings nicht, weil tatsächlich Fisch enthalten ist, sondern aufgrund der intensiven, herzhaften Aromen der Doubanjiang. Auberginen mit Doubanjiang-Sauce werden zwar meist nicht mit Nudeln, sondern bevorzugt mit Reis oder als Beilage serviert, aber sie schmecken meiner Meinung nach auch mit Weizennudeln sehr lecker.**

1 Die Shiitake-Pilze in eine Schüssel geben, mit heißem Wasser übergießen und etwa 15 Minuten ziehen lassen. Die eingeweichten Pilze abgießen, dabei die Einweichflüssigkeit auffangen, und dann in Scheiben schneiden.

2 In der Zwischenzeit die Nudeln nach Packungsangabe kochen. Die fertigen Nudeln abgießen und unter fließendem kaltem Wasser abschrecken, dabei die Nudeln mit den Fingern vorsichtig zerteilen, damit sie nicht zusammenkleben.

3 Das Öl in eine schwere beschichtete Pfanne geben und bei mittlerer Temperatur erhitzen. Den Knoblauch hineingeben und unter Rühren etwa 30 Sekunden anbraten, bis es herrlich zu duften beginnt. Die Auberginenwürfel und die in Scheiben geschnittenen Pilze dazugeben und unter Rühren etwa 2 Minuten anbraten. Doubanjiang dazugeben und unter Rühren weitere 1–2 Minuten anbraten, bis es herrlich zu duften beginnt. Chinkiang, dunkle und helle Sojasauce, Sesamöl, Zucker sowie die Pilz-Einweichflüssigkeit dazugeben, alles gut verrühren und 3–4 Minuten erhitzen, bis die Sauce leicht eindickt. Die Nudeln dazugeben, alles gut vermischen, bis sie komplett mit Sauce überzogen sind, dann die Pfanne von der Hitze nehmen und die Nudeln sofort servieren.

Soy Sauce
add some

# After-Party-Nudeln mit Hähnchen und Pilzen

FÜR 2 PERSONEN

1 EL helle Sojasauce
1 EL Austernsauce
1 TL dunkle Sojasauce
1 TL Hähnchen-Suppenpulver
¼ TL Meersalz
1 TL Demerara-Zucker
1 TL Speisestärke
1 EL Shaoxing-Reiswein
2 Hähnchenschenkel ohne Haut und Knochen, in Würfel geschnitten
2 Nester taiwanesische Nudeln oder Ramen-Nudeln
1 EL neutrales Öl
2 Knoblauchzehen, gerieben oder zerdrückt
6 Champignons, geviertelt
4 EL Mais
2 Frühlingszwiebeln, in feine Würfel geschnitten

**In unseren wilderen Ausgehzeiten gingen mein bester Freund und ich spätabends oft noch in seine Wohnung und machten uns auf die Suche nach dem Einzigen, das zu »kochen« wir in unserem Zustand noch in der Lage waren: Instant-Nudeln mit Pilzen und Hähnchen in einem dieser Plastikbecher, die man nur noch mit heißem Wasser aufgießen muss. Während die Nudeln »kochten«, schmierten wir uns Buttertoasts, und dann machten wir es uns mit unserem Festmahl auf seinem Einzelbett gemütlich, wo wir nach dem Essen einfach umfielen und einschliefen. Oft fanden wir am nächsten Morgen dann an allen möglichen und unmöglichen Orten die kleinen Sojapäckchen, die bei den Nudeln meist dabei sind – einmal wachte ich sogar mit einem mitten im Gesicht auf!**

**Die Zeiten, in denen diese Bechernudeln zu unserem Wochenendritual gehörten, sind zwar vorbei, aber ich habe nur die allerbesten Erinnerungen daran. Und daher habe ich hier versucht, die Aromen dieses ganz besonderen After-Party-Festmahls nachzukreieren.**

**1** Helle Sojasauce, Austernsauce, dunkle Sojasauce, Suppenpulver, Salz, Zucker, Speisestärke und Reiswein in eine kleine Schüssel geben und gut verrühren. Das Hähnchenfleisch dazugeben und in der Mischung wenden, bis es komplett damit überzogen ist. Das Fleisch etwa 10 Minuten in der Marinade ziehen lassen und in der Zwischenzeit die Nudeln nach Packungsangabe kochen.

**2** Die Nudeln abgießen, dabei etwa 200 ml Nudelwasser auffangen und in eine Schüssel geben, und unter fließendem kaltem Wasser abschrecken, dabei die Nudeln mit den Fingern vorsichtig zerteilen, damit sie nicht zusammenkleben.

**3** Das Öl in eine schwere beschichtete Pfanne geben und bei mittlerer Temperatur erhitzen. Den Knoblauch hineingeben und unter Rühren anbraten, bis es herrlich zu duften beginnt. Die Champignons dazugeben und 3–4 Minuten anbraten, bis sie rundherum leicht Farbe annehmen. Das Hähnchenfleisch mit der Marinade, 4 EL Nudelwasser und den Mais dazugeben, gut umrühren und dann 5–6 Minuten köcheln lassen, bis die Sauce leicht andickt und wunderbar glänzt.

**4** Die Nudeln dazugeben und alles gut vermischen. Die Pfanne von der Hitze nehmen, die Frühlingszwiebeln darüberstreuen und die Nudeln nach Wunsch mit mit Butter bestrichenen Toastscheiben servieren.

# Gebratene Nudeln süßsauer

FÜR 2 PERSONEN

- 2 Nester mitteldicke Eiernudeln
- 1 TL geröstetes Sesamöl
- 1 EL helle Sojasauce
- 1 EL Kecap Manis (süße Sojasauce)
- 1 EL Sambal Oelek, plus etwas mehr zum Servieren
- 1 TL dunkle Sojasauce
- 1 TL Demerara-Zucker
- 1 TL Hähnchen-Suppenpulver
- 3 EL neutrales Öl
- 3 Knoblauchzehen, gerieben oder zerdrückt
- 1 kleine Schalotte oder ½ große Schalotte, in Streifen geschnitten
- 12 große TK-Riesengarnelen, aufgetaut
- 1 Karotte, fein gerieben
- ½ Chinakohl, Blätter in feine Streifen geschnitten
- 1 kleine Handvoll Sojasprossen
- 2 Eier

**Mie (Mee oder Mi) Goreng sind die klassischen indonesischen gebratenen Nudeln, die sich durch ihren intensiv-herzhaften Geschmack nach Schalotten, Knoblauch und Kecap Manis, eine süße, klebrige Sojasauce, auszeichnen. In Form der Mi-Goreng-Instant-Nudeln der indonesischen Marke Indomie hat es dieses Gericht zu weltweiter Berühmtheit gebracht: Jedes Jahr werden mehr als 15 Millionen Packungen in über 100 Ländern verkauft – von denen nicht wenige auf meine Rechnung gehen! Dieses Gericht ist meine Hommage an den Klassiker unter den Instant-Nudeln.**

1. Die Nudeln nach Packungsangabe kochen. Die fertigen Nudeln abgießen und unter fließendem kaltem Wasser abschrecken, dabei die Nudeln mit den Fingern vorsichtig zerteilen, damit sie nicht zusammenkleben. Das Sesamöl zu den Nudeln geben und gut verrühren, bis sie damit überzogen sind.

2. In der Zwischenzeit helle Sojasauce, Kecap Manis, Sambal Oelek, dunkle Sojasauce, Zucker, Suppenpulver und 4 EL Wasser in einen Krug geben und verrühren, bis sich Zucker und Suppenpulver aufgelöst haben.

3. 2 EL Öl in eine schwere beschichtete Pfanne oder einen Wok geben und bei mittlerer Temperatur erhitzen. Den Knoblauch hineingeben und unter Rühren etwa 30 Sekunden anbraten, bis es herrlich zu duften beginnt. Die Schalotten dazugeben und weitere 30 Sekunden anbraten, dann die Garnelen dazugeben und unter Rühren anbraten, bis sie rosa sind. Die Karotten dazugeben und unter Rühren 2–3 Minuten anbraten, dann den Chinakohl dazugeben und eine weitere Minute unter Rühren anbraten.

4. Die Sauce dazugeben und etwa 2 Minuten erhitzen, bis sie leicht andickt. Dann die Nudeln dazugeben und alles gut vermischen, bis sie komplett mit Sauce überzogen sind. Die Sojasprossen dazugeben, etwa 1 Minute erhitzen und dann die Pfanne von der Hitze nehmen.

5. Das übrige Öl (1 EL) in eine zweite Pfanne geben und erhitzen. Die Eier hineingeben und anbraten, bis sie knusprig sind – das Eigelb darf dabei ruhig noch flüssig sein.

6. Die Nudeln auf Schüsseln verteilen, jeweils ein Spiegelei daraufgeben und dann sofort servieren. Für einen zusätzlichen Geschmackskick Sambal Oelek dazu reichen.

# Nudeln mit Fleischbällchen

FÜR 2 PERSONEN

- 12 gekaufte Fleischbällchen (ich verwende gern die schwedischen)
- 1 EL neutrales Öl
- ein 2,5 cm großes Stück Ingwer, geschält und fein gehackt
- 2 Knoblauchzehen, gerieben oder zerdrückt
- ½ Chinakohl, in etwa 2,5 cm große Stücke geschnitten
- 2 EL helle Sojasauce
- 1 TL dunkle Sojasauce
- 2 EL Austernsauce
- 1 TL Demerara-Zucker
- 4 EL Hähnchenbrühe
- 1 TL Speisestärke
- 2 Nester dünne Weizennudeln
- 2 Frühlingszwiebeln, in etwa 2,5 cm große Stücke geschnitten

**Ich habe viele gute Kindheitserinnerungen an die Besuche in einem der berühmten, blau-gelben schwedischen Einrichtungshäuser mit meiner Großmutter, wo wir immer die typischen schwedischen Fleischbällchen aßen. Heute setze ich diese Tradition mit meinen Kindern fort: Es macht ihnen ähnlich viel Spaß wie mir damals, und die Fleischbällchen schmecken noch genau so, wie ich sie in Erinnerung hatte. Mittlerweile kann man die berühmten Fleischbällchen auch tiefgekühlt kaufen, und ich habe immer einen großen Beutel davon im Gefrierfach. Meist essen wir sie mit Kartoffelpüree und Erbsen, wie damals im Möbelhaus-Restaurant, aber sie sind ziemlich vielseitig und machen einfach jedes Gericht noch ein bisschen besser! Irgendwann verwendete ich sie, um simple Instant-Nudeln aufzupeppen, und die Kombination mit Nudeln hat sich so sehr bewährt, dass ich dieses Gericht kreierte.**

1. Die Fleischbällchen nach Packungsangabe erhitzen – ich mache das meistens in der Heißluftfritteuse, so geht es besonders schnell.

2. Das Öl in eine schwere beschichtete Pfanne geben und bei mittlerer Temperatur erhitzen. Ingwer und Knoblauch hineingeben und unter Rühren etwa 30 Sekunden anbraten, bis es herrlich zu duften beginnt. Den Chinakohl dazugeben und unter Rühren etwa 2 Minuten anbraten, bis er beginnt, weich zu werden. Helle und dunkle Sojasauce, Austernsauce, Zucker und Hähnchenbrühe dazugeben und gut umrühren, bis sich der Zucker aufgelöst hat. Die Sauce 2–3 Minuten sanft köcheln lassen, dann die Fleischbällchen sowie etwaige ausgetretene Bratflüssigkeit dazugeben.

3. Speisestärke und 1 EL Wasser in eine kleine Schüssel geben und gut verrühren. Die Mischung zur Sauce geben und unter Rühren 1–2 Minuten köcheln lassen, bis sie leicht andickt.

4. In der Zwischenzeit die Nudeln nach Packungsangabe kochen.

5. Die Nudeln auf zwei Schüsseln verteilen, Sauce und Fleischbällchen daraufgeben und mit Frühlingszwiebeln bestreut sofort servieren.

# Jajangmyeon

FÜR 2 PERSONEN

2 EL neutrales Öl
200 g Schweinebauch, in etwa 1 cm große Würfel geschnitten
1 mittelgroße Zwiebel, in etwa 1 cm große Würfel geschnitten
1 mittelgroße Kartoffel, geschält und in etwa 1 cm große Würfel geschnitten
1 EL feiner Rohrzucker
5 EL koreanische Schwarze-Bohnen-Paste (Chunjang)
1 EL Austernsauce
250 ml heiße Hähnchenbrühe
1 kleine Zucchini, in etwa 1 cm große Würfel geschnitten
½ kleiner Spitzkohlkopf, in etwa 1 cm große Würfel geschnitten
2 Nester frische oder getrocknete dicke Weizennudeln (siehe Anmerkung)
1 EL Speisestärke
1 TL geröstetes Sesamöl
¼ Gurke, Kerngehäuse entfernt und in feine Stifte geschnitten

ANMERKUNG
Ich empfehle für dieses Gericht frische Weizennudeln zu verwenden, falls Sie welche bekommen!

**Jajangmyeon ist ein koreanisches Nudelgericht mit Schweinefleisch und Gemüse in einer dicken, dunklen Bohnensauce, das meist mit frischer Gurke und Frühlingszwiebeln serviert wird, wobei die würzige Umami-Sauce und das frische, knackige Gemüse einen spannenden Kontrast bilden.**

**Die koreanischen Jajangmyeon gehen auf das chinesische Gericht Zhajiangmian zurück, heute werden aber jeweils unterschiedliche Zutaten und Aromen verwendet. Und auch Jajangmyeon gibt es in verschiedenen Varianten, etwa Euni Jajangmyeon mit Hackfleisch oder Samseon Jajangmyeon mit Meeresfrüchten.**

**Traditionell ist die wichtigste Zutat dabei Chunjang, eine koreanische Würzpaste aus fermentierten schwarzen Bohnen. Man findet sie online sowie in vielen Asiamärkten, alternativ kann man aber auch einfach chinesische süße Bohnensauce (Tian Mian Jiang) mit einem Schuss dunkler Sojasauce vermischen. Tian Mian Jiang ist etwas salziger und enthält weniger Umami-Aromen, daher sollte man die übrigen Gewürze dahingehend anpassen.**

**1** Einen Topf mit Wasser füllen und dieses zum Kochen bringen.

**2** Das Öl in eine schwere beschichtete Pfanne geben und bei mittlerer Temperatur erhitzen. Die Schweinebauchwürfel hineingeben und unter Rühren 4–5 Minuten anbraten, bis sie rundherum goldbraun sind. Zwiebeln und Kartoffeln dazugeben und weitere 3–4 Minuten anbraten. Dann den Zucker dazugeben und warten, bis er sich aufgelöst hat – nach 1–2 Minuten sollte er beginnen, leicht zu karamellisieren. Die Schwarze-Bohnen-Paste sowie die Austernsauce dazugeben und gut unterrühren, schließlich die Hähnchenbrühe dazugeben, gut unterrühren, die Hitze reduzieren und etwa 4 Minuten sanft köcheln lassen.

**3** Zucchini und Spitzkohl dazugeben und etwa 6 Minuten köcheln lassen, bis die Zucchini weich ist, aber noch intensiv grün leuchtet.

**4** In der Zwischenzeit die Nudeln nach Packungsangabe kochen. Die fertigen Nudeln abgießen und auf zwei Schüsseln verteilen.

**5** Die Speisestärke mit 2 EL Wasser verrühren, in die Sauce geben und gut unterrühren. Die Sauce abgedeckt etwa 2 Minuten köcheln lassen, bis sie leicht andickt und sehr dunkel ist, dann die Pfanne von der Hitze nehmen und das Sesamöl unterrühren.

**6** Die Sauce auf den Nudeln verteilen, jeweils einige Gurkenstifte daraufgeben und dann sofort servieren.

# Schnelle, scharfe Rindersuppe mit Nudeln

FÜR 4 PERSONEN

- 3 EL Rinderfett oder neutrales Öl
- ein etwa 2,5 cm großes Stück Ingwer, geschält und gerieben
- 3 große Knoblauchzehen, gerieben oder zerdrückt
- 4 Frühlingszwiebeln, weißer und grüner Teil getrennt und in feine Ringe geschnitten
- 1 mittelgroße Zwiebel, in feine Ringe geschnitten
- 3 EL Doubanjiang
- 1 große Ochsenherztomate, grob gehackt
- 1,2 l Rinder-Knochenbrühe
- 3 EL helle Sojasauce
- 2 EL Demerara-Zucker
- ½ TL frisch gemahlener schwarzer Pfeffer
- 2 Flanksteaks
- 4 Nester frische dicke Weizennudeln
- 8 Rinderbällchen
- 2 Pak Choi, in Blätter zerteilt und Stiele entfernt
- 1 Handvoll Koriander, grob gehackt

**In letzter Zeit hatte ich einfach nicht mehr die Zeit, geschweige denn die Energie, für eine selbst gemachte Brühe stundenlang Rindfleisch und Knochen auszukochen. Zunächst verwendete ich Suppenpulver als Ersatz, aber das war einfach nicht dasselbe – und irgendwann vermisste ich den intensiven Geschmack so sehr, dass ich begann, mir Gedanken zu machen, wie man auch mit weniger Zeitaufwand eine aromatische Rindersuppe zubereiten könnte.**

**Glücklicherweise ist das eigentlich gar nicht so schwer, denn mittlerweile kann man qualitativ hochwertige Brühe auch fertig kaufen, und die lässt sich mit nur ein paar Handgriffen wunderbar aufpeppen. Was man so leider nicht erhält, ist das langsam gegarte Rindfleisch, das der Brühe ihren intensiven, vollen Geschmack verleiht. Aber keine Sorge, auch dafür gibt es einen schnellen Ersatz: Steak!**

1. 2 EL Rinderfett oder Öl in einen großen Schmortopf geben und bei mittlerer Temperatur erhitzen. Ingwer, Knoblauch sowie den weißen Teil der Frühlingszwiebeln hineingeben und unter Rühren etwa 30 Sekunden anbraten, bis es herrlich zu duften beginnt.

2. Zwiebeln und Doubanjiang dazugeben und unter Rühren 1 Minute anbraten, dann die Tomaten dazugeben und unter Rühren 2 Minuten erhitzen. Schließlich Knochenbrühe, helle Sojasauce, Zucker und Pfeffer dazugeben, gut umrühren und sanft köcheln lassen.

3. In der Zwischenzeit das restliche Rinderfett oder Öl (1 EL) in eine schwere beschichtete Pfanne geben und erhitzen. Die Steaks hineingeben, von jeder Seite 3–4 Minuten anbraten, bis sie goldbraun sind, dann aus der Pfanne nehmen und 5 Minuten ruhen lassen.

4. In der Zwischenzeit einen Topf mit Wasser füllen und dieses zum Kochen bringen. Nudeln und Rinderbällchen hineingeben und nach Packungsangabe kochen. In der letzten Minute den Pak Choi dazugeben und kurz mit blanchieren. Die Nudeln, die Rinderbällchen und den Pak Choi abgießen und auf vier Schüsseln verteilen.

5. Die Brühe abschmecken und dann ebenfalls auf die Schüsseln verteilen. Die Steaks gegen die Faserrichtung in dünne Streifen schneiden, auf die Nudeln geben, mit Koriander und dem grünen Teil der Frühlingszwiebeln bestreuen und sofort servieren.

# Schneller Soba-Nudel-Salat

FÜR 4 PERSONEN

- 3 EL frisch gepresster Limettensaft
- 1 EL helle Sojasauce
- 1 EL Ahornsirup
- 2 TL geröstetes Sesamöl
- ¼ TL Meersalz
- 200 g wilder Brokkoli
- 1 TL neutrales Öl
- 1 kleine Karotte, gerieben
- ¼ Rotkohl, gerieben
- 2 Frühlingszwiebeln, in feine Ringe geschnitten
- 1 kleine Handvoll Koriander, grob gehackt
- 1 kleine Handvoll Minze, grob gehackt
- 4 Nester getrocknete Soba-Nudeln
- 1 reife Avocado, grob gehackt
- 1 EL Furikake
- 1 Handvoll Pistazien, grob gehackt

**Dieser Salat ist mittlerweile ein Klassiker bei unseren Familientreffen, wo sich an die 50 meiner nahen und fernen irischen und schottischen Verwandten darüber hermachen – und nie auch nur ein klitzekleines Bisschen davon übrig bleibt.**

**Den Rotkohl reibt man dabei am besten separat von den anderen Zutaten, da sonst alles seine rote Farbe annimmt. Und wenn man den Salat nicht sofort servieren möchte, sollte man die einzelnen Zutaten in Schichten anrichten, entweder auf einer großen Platte oder in einer großen, verschließbaren Schüssel (falls man den Salat mitnehmen möchte): Als Erstes das Dressing auf die Platte oder in die Schüssel geben, dann die mit dem Gemüse vermischten Nudel und schließlich Avocado, Kräuter und Nüsse – so stellt man sicher, dass das Gemüse und die Kräuter schön frisch und knackig bleiben und sich nicht zu sehr mit dem Dressing vollsaugen. Kurz vor dem Servieren muss man dann nur noch alles gut vermischen oder die verschlossene Schüssel kräftig schütteln, und schon kann es losgehen!**

1. Den Backofen auf 180 °C vorheizen (falls Sie keine Heißluftfritteuse verwenden).

2. Limettensaft, helle Sojasauce, Ahornsirup, Sesamöl und Salz in einen Krug geben und gut verrühren. Das Dressing nach Wunsch abschmecken und dann kurz beiseitestellen.

3. Den wilden Brokkoli mit dem Öl beträufeln und dann in der Heißluftfritteuse bei 200 °C etwa 8 Minuten garen (dabei die Röschen die ersten 5 Minuten mit Alufolie bedecken, sodass nur die Stiele herausschauen). Alternativ den Brokkoli etwa 15 Minuten im vorgeheizten Backofen garen. Sobald er schön Farbe angenommen hat, den Brokkoli in etwa 2,5 cm große Stücke schneiden und dann mit Karotten, Rotkohl, Frühlingszwiebeln, Koriander und Minze in eine große Schüssel geben.

4. Die Nudeln nach Packungsangabe kochen. Die fertigen Nudeln abgießen und unter fließendem kaltem Wasser abschrecken, dabei die Nudeln mit den Fingern vorsichtig zerteilen, damit sie nicht zusammenkleben. Die Nudeln und das Dressing in die Schüssel mit dem Gemüse geben und alles mit den Händen gründlich vermischen.

5. Den fertigen Salat auf einer großen Platte, auf Tellern oder in Schüsseln anrichten und mit Avocadowürfeln, Furikake und Pistazien bestreut servieren.

# Minimaler Aufwand

30+ MINUTEN

# Nudeln mit grünen Bohnen nach Szechuan-Art

FÜR 2 PERSONEN

- 1 TL Szechuan-Pfefferkörner
- 2 Nester mitteldicke Eiernudeln
- 1 TL geröstetes Sesamöl
- 2 EL helle Sojasauce
- 1 TL dunkle Sojasauce
- 1 EL Austernsauce
- 1 TL Demerara-Zucker
- ¼ TL Meersalz
- 1 EL neutrales Öl, plus etwas mehr für die Pfanne
- 225 g grüne Bohnen, geputzt
- 2 große Knoblauchzehen, zerdrückt oder gerieben
- 1 kleine rote Chilischote, in feine Würfel geschnitten
- ein etwa 2,5 cm großes Stück Ingwer, geschält und gerieben
- 100 g Schweinehackfleisch
- 2 EL Shaoxing-Reiswein
- 2 getrocknete chinesische rote Chilischoten
- 2 EL Ya Cai (eingelegtes Senfgrün aus Szechuan)

**Gan Bian Si Ji Dou ist ein traditionelles Gericht aus Szechuan mit grünen Bohnen, Schweinehackfleisch, eingelegtem Senfgrün (Ya Cai) und Szechuan-Pfefferkörnern, das meist mit Reis serviert wird. Ich kombiniere dazu gern Nudeln, ähnlich wie beim nordchinesischen Dou Jiao Men Mian, das ebenfalls Schweinefleisch und grüne Bohnen enthält, bei dem allerdings zusätzlich Nudeln in der Sauce gegart werden.**

**Die grünen Bohnen werden oft frittiert, aber ich finde, es schmeckt besser, wenn man sie bei hoher Hitze trocken im Wok anbrät. Alternativ kann man sie portionsweise in einer schweren beschichteten Pfanne frittieren, dabei sollte man darauf achten, dass sie immer komplett von Öl umgeben sind, damit sie rundherum schön knusprig werden.**

1. Die Szechuan-Pfefferkörner in eine Pfanne geben und unter Rühren etwa 1 Minute trocken rösten, bis es herrlich zu duften beginnt. Die Pfefferkörner im Mörser mahlen und dann durch ein feines Sieb rieseln lassen, um die gelben Häutchen zu entfernen.

2. Die Nudeln nach Packungsangabe kochen. Die fertigen Nudeln abgießen und unter fließendem kaltem Wasser abschrecken, dabei die Nudeln mit den Fingern vorsichtig zerteilen, damit sie nicht zusammenkleben. Das Sesamöl zu den Nudeln geben und gut verrühren, bis sie damit überzogen sind.

3. Helle und dunkle Sojasauce, Austernsauce, Zucker und Salz in einen Krug geben und gut verrühren.

4. Etwas Öl auf ein Papiertuch geben und die Innenseite einer schweren beschichteten Pfanne oder eines Wok damit einreiben. Anschließend die Pfanne oder den Wok bei hoher Temperatur heiß werden lassen. Die Hälfte der grünen Bohnen hineingeben und ohne Rühren 3–4 Minuten anbraten, bis das Äußere beginnt, Blasen zu werfen. Die Bohnen gründlich schwenken und dann weiter anbraten, bis sie rundherum Farbe angenommen haben. Herausnehmen und mit den restlichen Bohnen wiederholen.

5. 1 EL Öl, Knoblauch, Chilischote und Ingwer in die Pfanne geben und unter Rühren etwa 30 Sekunden anbraten, bis es herrlich zu duften beginnt. Das Hackfleisch dazugeben, kurz umrühren und dann etwa 1 Minute ohne Rühren anbraten, bis das Fleisch Farbe angenommen hat. Den Reiswein, die getrockneten Chilischoten, die gemahlenen Pfefferkörner, die Bohnen und das Ya Cai dazugeben und unter Rühren 2 Minuten erhitzen. Nudeln und Sauce dazugeben, alles gut vermischen und dann sofort servieren.

# Mazesoba mit Lachs

FÜR 2 PERSONEN

1 EL helle Sojasauce
1 EL geröstetes Sesamöl
1 TL Mirin
1 TL Kecap Manis (süße Sojasauce)
1 EL gerösteter Sesam
2 Lachsfilets
3 EL Sojabohnensauce
1 kleine Zucchini, in dünne Scheiben geschnitten
1 TL neutrales Öl
1 TL Knoblauchsalz
1 Ei (oder 2, wenn der Hunger groß ist)
2 Nester Sōmen- oder dünne Weizennudeln
1 Nori-Blatt, geviertelt
1 Frühlingszwiebel, in feine Ringe geschnitten
1 EL frittierter Knoblauch
100 g Bambussprossen (aus der Dose), abgetropft und in feine Scheiben geschnitten
1 EL Furikake

**Mazesoba ist japanisch, heißt übersetzt so viel wie »gemischte Nudeln« und ist eines meiner absoluten Lieblingsgerichte, um übriggebliebene Lebensmittel zu verwerten. Bekannt wurde Mazesoba durch die kalifornische Ramen-Kette Menya Hanabi, die dieses Gericht 2008 auf ihre Speisekarte setzte. Dabei werden, ähnlich wie bei Ramen, allerdings ohne Brühe, verschiedenste Zutaten auf Nudeln serviert, und oft kommt zum Schluss noch ein Spiegelei darauf.**

1 Den Backofen auf 180 °C vorheizen (falls Sie keine Heißluftfritteuse verwenden).

2 Helle Sojasauce, Sesamöl, Mirin, Kecap Manis und Sesam in einen Krug geben und gut verrühren.

3 Die Lachsfilets mit Sojabohnensauce und die Zucchinischeiben mit Öl bestreichen. Lachsfilets und Zucchinischeiben in der Heißluftfritteuse bei 200 °C etwa 12 Minuten garen, dabei die Zucchinischeiben nach der Hälfte der Garzeit einmal wenden. Alternativ Lachsfilets und Zucchinischeiben auf ein Backblech geben und im vorgeheizten Backofen etwa 20 Minuten garen, bis der Lachs schön Farbe angenommen hat und unter der Gabel zerfällt und die Zucchinischeiben goldbraun sind. Die Zucchinischeiben mit Knoblauchsalz bestreuen.

4 In der Zwischenzeit einen Topf mit Wasser füllen, dieses zum Kochen bringen und das Ei hineingeben. Einen Timer auf 6 Minuten und 45 Sekunden stellen. Nach 2 Minuten (oder nach Packungsangabe) die Nudeln hineingeben. Wenn der Timer abgelaufen ist, die Nudeln und das Ei abgießen. Das Ei kurz abkühlen lassen, dann schälen und halbieren.

5 Die Haut von den Lachsfilets abziehen und die Filets mit einer Gabel zerkleinern. Nach Wunsch kann man die Haut für 3–5 Minuten in der Heißluftfritteuse knusprig braten. Die geviertelten Nori-Blätter für 30 Sekunden in der Heißluftfritteuse toasten.

6 Die Nudeln und die Sauce auf zwei Schüsseln verteilen und alles gut vermischen, dann Frühlingszwiebeln, frittierten Knoblauch, Zucchinischeiben, Lachs und je ein halbiertes Ei daraufgeben. Die Nori-Blätter und falls verwendet die Lachshaut zerbröseln und zusammen mit den Bambussprossen ebenfalls auf die Nudeln geben.

7 Die fertigen Nudeln mit Furikake bestreuen und sofort servieren.

# Nudeln mit Rindfleisch und gegrillten Frühlingszwiebeln

FÜR 2 PERSONEN

**Für die Marinade**
1 EL neutrales Öl
2 EL Fischsauce
1 EL helle Sojasauce
1 EL feiner Rohrzucker
2 Knoblauchzehen, zerdrückt oder gerieben
1 EL Speisestärke
1 großes Sirloin- oder Rib-Eye-Steak

**Für das Dressing**
1 EL Fischsauce
1 EL feiner Rohrzucker
1 EL Limettensaft
1 rote Bird's-Eye-Chilischote, in feine Ringe geschnitten
1 Knoblauchzehe, zerdrückt oder gerieben

**Für die Nudeln**
2 Nester Pho-Nudeln oder breite Reisnudeln
1 kleine Karotte, geschält und mit einem Gemüseschäler in dünnen streifen abgezogen
¼ Gurke, Kerngehäuse entfernt und diagonal in Stücke geschnitten
1 kleine Handvoll Koriander, grob gehackt
2 EL geröstete gesalzene Erdnüsse, zerdrückt oder gehackt

**Für die Frühlingszwiebeln**
6 Frühlingszwiebeln
1 EL neutrales Öl
1 TL Meersalz

**Bei diesem Rezept kommt eine Kochtechnik namens »Velveting« zum Einsatz. Dabei wird Fleisch, meist Rinder- oder Hähnchenfleisch, in einer Marinade mit Speisestärke oder Natron mariniert, wodurch es beim Anbraten wunderbar weich bleibt. Diese Technik kommt in der chinesischen Küche besonders häufig zum Einsatz – sie ist das Geheimnis dahinter, warum das Fleisch in chinesischen Restaurants immer so wunderbar goldbraun und knusprig und dennoch unglaublich zart ist. Die Kombination aus gegrillten Frühlingszwiebeln und zart-knusprigem Rindfleisch ist einfach unschlagbar!**

1. Für die Marinade Öl, Fischsauce, helle Sojasauce, Zucker, Knoblauch und Speisestärke in eine flache Schüssel geben und gut verrühren. Das Steak in die Marinade geben und einige Male darin wenden. Das Steak in der Marinade ziehen lassen und in der Zwischenzeit die übrigen Zutaten vorbereiten.

2. Für das Dressing Fischsauce, Zucker, 3 EL Wasser, Limettensaft, Chilischoten und Knoblauch in eine Schüssel geben und gut verrühren.

3. Die Reisnudeln nach Packungsangabe kochen oder einweichen. Die fertigen Nudeln abgießen und unter fließendem kaltem Wasser abschrecken, dabei die Nudeln mit den Fingern vorsichtig zerteilen, damit sie nicht zusammenkleben.

4. Die Frühlingszwiebeln mit Öl beträufeln. Eine Grillpfanne, eine Plancha oder eine schwere beschichtete Pfanne bei möglichst hoher Temperatur heiß werden lassen. Die Frühlingszwiebeln hineingeben und unter Wenden grillen, bis sie rundherum sehr dunkel und knusprig sind. Man kann die Frühlingszwiebeln auch beschweren, etwa mit einem Topf, sodass sie schön flach liegen. Die gegrillten Frühlingszwiebeln mit Salz bestreuen und in etwa 2,5 cm lange Stücke schneiden.

5. Das marinierte Steak in die Pfanne geben und von jeder Seite 3–4 Minuten anbraten, bis es goldbraun und knusprig ist, dann herausnehmen und 3–4 Minuten ruhen lassen.

6. Die Nudeln auf zwei Schüsseln verteilen. Karotten, Gurken, Koriander, Erdnüsse und gegrillte Frühlingszwiebeln in kleinen Portionen darauf geben. Das Steak entgegen der Faserrichtung in Streifen schneiden und auf die Nudeln geben. Das Dressing in zwei kleine Schüsseln geben und zusammen mit den Nudeln sofort servieren.

# Nudeln mit Brokkoli und Cashew-Satay-Hähnchen

FÜR 4 PERSONEN

- 2 EL neutrales Öl
- 3 Knoblauchzehen
- 5 getrocknete rote Chilischoten, etwa 15 Minuten in heißem Wasser eingeweicht und dann gehackt
- 100 g geröstete Erdnüsse (ungesalzen) oder 100 g Erdnussbutter
- 150 g Cashewkerne (ungesalzen) oder 150 g Cashewmus
- 1 Dose Kokosmilch (à 400 ml)
- 1 TL Meersalz
- 2 EL feiner Rohrzucker
- 1 EL mildes Currypulver
- 2 EL Kecap Manis (süße Sojasauce)
- 4 Hähnchenschenkel mit Haut und Knochen
- 200 g wilder Brokkoli
- 1 EL Olivenöl
- 4 Nester frische Eiernudeln
- 4 EL Szechuan-Chili-Öl oder Lao-Gan-Ma-Crispy-Chili-Öl
- 3 Frühlingszwiebeln, in feine Ringe geschnitten

**Satay (oder auch Sate) bezeichnet eigentlich auf Spießen gegrilltes Fleisch, oft wird aber auch die samtig-cremige Erdnusssauce, die dazu serviert wird, so genannt. Sie kommt ursprünglich aus Indonesien, hat ihren Weg aber mittlerweile auch in die Küche anderer Länder Südostasiens gefunden und enthält traditionell meist auch helle Sojasauce. Lange Zeit habe ich ganz klassisch Hähnchenspieße mit meiner Satay-Variante mit Erdnüssen und Cashewkernen serviert, bis ich irgendwann einmal statt Spießen einfach gleich ganze Hähnchenschenkel in den Backofen gab – und dabei ist es dann geblieben.**

1 Den Backofen auf 180 °C vorheizen.

2 Das Öl in eine schwere beschichtete Pfanne geben und bei mittlerer Temperatur erhitzen. Knoblauchzehen und Chilischoten hineingeben und 30 Sekunden bis 1 Minute unter Rühren anbraten, bis es herrlich zu duften beginnt. Die Knoblauchzehen, die Chilischoten und das Öl aus der Pfanne zusammen mit Erdnüssen, Cashewkernen, Kokosmilch, Salz, Zucker, Currypulver und Kecap Manis in einen Standmixer geben und zu einer glatten Sauce pürieren.

3 Die Hähnchenschenkel auf ein Backblech geben, mit der Sauce übergießen und 30 Minuten im Backofen garen.

4 Den Brokkoli mit Olivenöl beträufeln, auf ein Backblech geben, nach zehn Minuten auf der Schiene unterhalb der Hähnchenschenkel in den Backofen schieben und die restlichen 20 Minuten mitgaren.

5 5 Minuten bevor die Hähnchenschenkel und der Brokkoli fertig sind, die Eiernudeln nach Packungsangabe kochen, abgießen und unter fließendem kaltem Wasser abschrecken, damit sie nicht zusammenkleben. Die Nudeln auf Schüsseln verteilen, jeweils einen Hähnchenschenkel, etwas Brokkoli und reichlich Satay-Sauce darauf verteilen, mit Chili-Öl beträufeln, mit Frühlingszwiebeln bestreuen und dann sofort servieren.

# Japchae mit Rindfleisch

FÜR 4 PERSONEN

**Für das Rindfleisch**
1 EL helle Sojasauce
1 EL Mirin
1 Knoblauchzehe, gerieben oder zerdrückt
¼ TL Meersalz
1 TL Speisestärke
1 Rib-Eye- oder Sirloin-Steak, in dünne Streifen geschnitten
1 EL neutrales Öl

**Für die Sauce**
4 getrocknete Shiitake-Pilze
4 EL helle Sojasauce
2 TL dunkle Sojasauce
4 EL Ahornsirup
¼ TL frisch gemahlener schwarzer Pfeffer
1 EL gerösteter Sesam
1 EL geröstetes Sesamöl

**Für das Omelett**
neutrales Öl zum Braten
1 Frühlingszwiebel, in feine Ringe geschnitten
3 Eier, verquirlt

**Für das Gemüse**
½ Zwiebel, in Ringe geschnitten
1 rote Paprika, fein gehackt
1 kleine Karotte, geschält und fein gerieben
2 Pak Choi, in Blätter zerteilt und Stiele entfernt

**Für die Nudeln**
280 g Süßkartoffel-Glasnudeln (Dangmyeon-Nudeln)

**Japchae ist ein koreanisches Nudelgericht mit Fleisch, Gemüse und koreanischen Glasnudeln aus Süßkartoffelstärke, sogenannten Dangmyeon. Sie sehen zwar ähnlich aus, sind aber nicht mit Reis-Vermicelli zu verwechseln und haben eine wunderbar elastische Textur und einen leicht süßen Geschmack. Japchae heißt übersetzt so viel wie »gemischtes Gemüse«, da dieses Gericht zunächst überhaupt keine Nudeln enthielt, im Laufe der Zeit wurden Dangmyeon allerdings zur wichtigsten Zutat, was meiner Meinung nach auch an ihrer unglaublich spannenden Textur liegt. Abgesehen vom klassischen Japchae mit Fleisch gibt es etwa auch Kongnamul Japchae mit Sojasprossen oder Haemul Japchae mit Meeresfrüchten.**

**Das Besondere an diesem Gericht ist, dass alle Komponenten separat zubereitet und erst kurz vor dem Servieren vermischt werden. Japchae eignet sich als Hauptgericht oder Beilage, man kann es auch kalt servieren, und statt der Nudeln schmeckt es auch gut mit Reis.**

1 Helle Sojasauce, Mirin, Knoblauch, Salz und Speisestärke in eine Schüssel geben und gut verrühren. Die Steakstreifen dazugeben und in der Mischung wenden, bis sie komplett damit überzogen sind. Das Fleisch in der Marinade ziehen lassen und in der Zwischenzeit die übrigen Zutaten vorbereiten.

2 Einen Topf mit Wasser füllen und dieses zum Kochen bringen. In der Zwischenzeit für die Sauce die Shiitake-Pilze in eine Schüssel geben, mit heißem Wasser übergießen und ziehen lassen. Helle und dunkle Sojasauce, Ahornsirup, Pfeffer, Sesam und Sesamöl in einen Krug geben und gut verrühren.

3 Für das Omelett eine schwere beschichtete Pfanne mit Öl auspinseln und bei mittlerer Temperatur heiß werden lassen. Frühlingszwiebeln, Eier und eine Prise Salz in eine kleine Schüssel geben und verquirlen. Die Eiermischung in die Pfanne geben und diese schwenken, sodass sie sich schön verteilt. Das Omelett 1–2 Minuten stocken lassen, dann mit einem Pfannenwender wenden und von der anderen Seite ebenfalls 1–2 Minuten anbraten. Das fertige Omelett auf ein großes Schneidebrett geben, etwas abkühlen lassen, dann einrollen und in etwa ½ cm breite Streifen schneiden.

4 Für das Gemüse die Pfanne wieder mit etwas Öl auspinseln, die Zwiebeln hineingeben und bei hoher Hitze unter Rühren 2–3 Minuten anbraten, bis sie leicht Farbe annehmen und weich werden. Die Zwiebeln zum Omelett auf das Brett geben.

→

5 Wieder etwas Öl in die Pfanne geben, die Paprika hineingeben und 2–3 Minuten anbraten, bis sie weich sind und leicht Farbe annehmen. Die Paprika herausnehmen und zu den Zwiebeln und zum Omelett geben.

6 Nun die Karotten und wenn nötig noch etwas Öl in die Pfanne geben und 3–4 Minuten anbraten, bis sie weich sind, aber noch etwas Biss haben. Die Karotten zum restlichen Gemüse und zum Omelett geben.

7 Die Shiitake-Pilze aus der Einweichflüssigkeit nehmen, die Stiele entfernen und die Kappen in dünne Streifen schneiden.

8 1 EL Öl in die Pfanne geben und bei mittlerer Temperatur warm werden lassen. Die Steakstreifen aus der Marinade nehmen, gut abtropfen lassen und dann in die Pfanne geben. Die Steakstreifen ohne Rühren etwa 1 Minute Farbe annehmen lassen und dann unter Rühren weiter anbraten, bis sie rundherum goldbraun und knusprig sind. Die Steakstreifen herausnehmen und zu den restlichen Zutaten auf das Schneidebrett geben.

9 Den Pak Choi in den Topf mit dem kochenden Wasser geben und etwa 1 Minute blanchieren, bis er zusammenfällt, aber noch immer leuchtend grün ist. Den Pak Choi herausnehmen und zu den anderen Zutaten auf das Schneidebrett geben. Die Nudeln in den Topf geben und nach Packungsangabe kochen. Die fertigen Nudeln abgießen und dann sofort in eine große Schüssel geben (Sie können auch einfach einen großen Topf verwenden, falls Sie keine Schüssel haben, die groß genug für alle Komponenten ist).

10 Das Gemüse, das Omelett und das Fleisch zu den Nudeln geben und alles gut vermischen – am besten geht das mit den Händen (dabei unbedingt lebensmittelechte Handschuhe verwenden) oder mit einer Nudelzange. Die Sauce dazugeben, gut unterrühren und dann sofort servieren.

# Ramen mit Brathähnchen

FÜR 4 PERSONEN

1 mittelgroßes grillfertiges Brathähnchen im Bratschlauch
1 l Hähnchen-Knochenbrühe
ein etwa 5 cm großes Stück Ingwer, geschält und 1 EL gerieben und den Rest gedrittelt
4 Frühlingszwiebeln, weißer und grüner Teil getrennt, grüner Teil in feine Ringe geschnitten
2 Eier
4 EL helle Sojasauce
4 EL Mirin
1 Handvoll fein gehackte getrocknete Mu-Err-Pilze oder 4 getrocknete Shiitake-Pilze
4 Nester Ramen-Nudeln
2 große Knoblauchzehen, gerieben
3 EL neutrales Öl
2 TL Hähnchen-Suppenpulver
2 TL Demerara-Zucker
2 EL geröstetes Sesamöl
1 Nori-Blatt, geviertelt

**Es mag überraschend wirken, in einem Kochbuch, in dem es darum geht, alles möglichst schnell und simpel zuzubereiten, auf ein Rezept mit Brathähnchen zu stoßen, aber es gibt Brathähnchen mittlerweile garfertig vorbereitet zu kaufen: Man schiebt es einfach in den Backofen, stellt einen Timer und hat genug Zeit, um den Rest des Gerichts in aller Ruhe vorzubereiten. Und das Beste ist: Im Bratschlauch sammelt sich die ganze leckere Bratflüssigkeit, die der Brühe zusätzliches Aroma verleiht, ohne dass man stundenlang Knochen auskochen muss. Apropos Brühe: Sie macht bei diesem Gericht den Unterschied, daher ist es wichtig, dass sie qualitativ absolut hochwertig ist!**

**Es gibt in so gut wie jedem Land eine Variante der klassischen Hähnchensuppe mit Nudeln, diese hier ähnelt der japanische Tori Chintan Shoyu Ramen, einer klaren Hähnchenbrühe (Tori Chintan) mit Sojasauce (Shoyu) und Ramen-Nudeln.**

1. Das Brathähnchen nach Packungsangabe in den Backofen geben, dabei unbedingt einen Timer auf die angegebene Zeit stellen.

2. In der Zwischenzeit die Knochenbrühe in einen großen Topf geben und zum Köcheln bringen. Den in Stücke geschnittenen Ingwer und den weißen Teil der Frühlingszwiebeln dazugeben und die Brühe bei geringer Hitze köcheln lassen. Man kann dafür auch einen Schongarer verwenden.

3. Einen zweiten Topf mit Wasser füllen, dieses zum Kochen bringen und die Eier darin 6 Minuten und 45 Sekunden kochen. Die fertigen Eier herausnehmen, unter fließendem kaltem Wasser abschrecken und schälen.

4. Helle Sojasauce und Mirin in eine kleine Schüssel geben, gut verrühren und die Eier hineingeben. Mu-Err- oder Shiitake-Pilze in eine zweite kleine Schüssel geben, mit heißem Wasser übergießen und ziehen lassen.

5. Das fertige Brathähnchen aus dem Ofen nehmen und 10–20 Minuten im Bratschlauch abkühlen lassen. Den Bratschlauch vorsichtig öffnen – dabei kann heißer Dampf entweichen! –, das Hähnchen herausnehmen und auf eine Platte geben. Die Bratflüssigkeit zur Knochenbrühe geben.

→

6 Die Nudeln nach Packungsangabe kochen. Die fertigen Nudeln abgießen und unter fließendem kaltem Wasser abschrecken, dabei die Nudeln mit den Fingern vorsichtig zerteilen, damit sie nicht zusammenkleben.

7 Das Hähnchenfleisch von den Knochen lösen. Wenn gewünscht, kann man auch die Haut verwenden, das ist aber kein Muss.

8 Knoblauch und geriebenen Ingwer auf vier große, tiefe Schüsseln verteilen. Das Öl in einen kleinen Topf geben, bei hoher Temperatur erhitzen, bis es raucht, und dann über den Knoblauch und den Ingwer gießen – Vorsicht, dabei kann es spritzen!

9 Mu-Err- oder Shiitake-Pilze aus der Einweichflüssigkeit nehmen. Falls Sie Shiitake-Pilze verwenden, die Stiele entfernen und die Kappen in Streifen schneiden.

10 Die Eier aus der Marinade nehmen und halbieren. Die Marinade auf die Schüsseln mit der Knoblauch-Ingwer-Öl-Mischung verteilen und gut verrühren. In jede Schüssel ½ TL Suppenpulver, ½ TL Zucker und ½ EL Sesamöl geben und alles gut verrühren.

11 Den Ingwer und den weißen Teil der Frühlingszwiebeln aus der Brühe nehmen und beiseitegeben. Die Brühe auf die vier Schüsseln verteilen und alles gut verrühren, bis sich Zucker und Suppenpulver komplett aufgelöst haben.

12 In jede Schüssel eine Portion Nudeln, einige Pilze, etwas Hähnchenfleisch, etwas vom grünen Teil der Frühlingszwiebeln, ein Viertel Nori-Blatt und ein halbes mariniertes Ei geben und dann sofort servieren.

# Soba-Nudeln mit geschmorten Tomaten

FÜR 2 PERSONEN

2 EL weiße Misopaste
3 EL helle Sojasauce
2 TL geröstetes Sesamöl
250 g Mini-Pflaumentomaten (in verschiedenen Farben)
4 große Knoblauchzehen, geschält
1 TL Meersalz
1 TL Ahornsirup
¼ TL frisch gemahlener schwarzer Pfeffer
1 EL Chinkiang (schwarzer Reisessig)
1 EL neutrales Öl
120 g Schweinebauch in Scheiben, in feine Streifen geschnitten
2 Eier
2 Nester getrocknete Soba-Nudeln
1 EL Furikake

**Ich liebe den Sommer, vor allem weil es dann so unglaublich tolle Tomaten gibt. Am liebsten schmore ich sie mit reichlich Knoblauch und weißer Misopaste und serviere sie pur auf Toast oder verwende sie als Basis für (Nudel-)Saucen oder Suppen.**

**Schmoren nimmt etwas Zeit in Anspruch, um dem Anspruch dieses Buchs im Hinblick auf eine möglichst schnelle Zubereitung gerecht zu werden, würde ich Ihnen daher empfehlen, möglichst kleine Tomaten zu verwenden und sie in der Heißluftfritteuse zu schmoren.**

**1** Den Backofen auf 180 °C vorheizen (falls Sie keine Heißluftfritteuse verwenden).

**2** Misopaste, 1 EL helle Sojasauce und Sesamöl in einen Krug geben und gut verrühren. Tomaten und Knoblauchzehen auf ein Backblech geben, die Miso-Sojasaucen-Mischung darauf verteilen, alles gut vermischen und die Tomaten dann gleichmäßig auf dem Backblech verteilen. Die Tomaten mit Salz bestreuen und dann 10 Minuten bei 200 °C in der Heißluftfritteuse schmoren (Einstellung: Braten). Alternativ die Tomaten 30–45 Minuten im vorgeheizten Backofen schmoren, bis sie sehr dunkel sind (dabei darauf achten, dass sie nicht verbrennen!).

**3** In der Zwischenzeit die übrige helle Sojasauce (2 EL), den Ahornsirup, den Pfeffer und den Chinkiang in einen Krug geben und gut verrühren.

**4** Das Öl in eine schwere beschichtete Pfanne geben und bei mittlerer Temperatur erhitzen. Die Schweinebauchscheiben von jeder Seite 2–3 Minuten anbraten, bis sie rundherum goldbraun und knusprig sind.

**5** Einen Topf mit Wasser füllen und dieses zum Kochen bringen. Die Eier hineingeben und einen Timer auf 6 Minuten und 45 Sekunden stellen. Nach zwei Minuten (oder nach Packungsangabe) die Soba-Nudeln dazugeben. Wenn der Timer abgelaufen ist, die Nudeln und die Eier abgießen. Die Eier kurz abkühlen lassen, dann schälen und halbieren.

**6** Wenn die Tomaten fertig sind, die Knoblauchzehen beiseitegeben, die Tomaten grob hacken und dann in den Krug mit der Sauce geben.

**7** Die Nudeln auf zwei Schüsseln verteilen, die Sauce mit den geschmorten Tomaten darübergeben und alles gut vermischen, dabei die Tomaten leicht zerdrücken. Die Schweinebauchscheiben und je ein halbiertes Ei daraufgeben, mit Furikake bestreuen und dann sofort servieren.

# Vietnamesische Reisnudeln mit Frühlingsrollen

FÜR 2 PERSONEN

**Für die eingelegten Karotten**

5 EL weißer Reisessig
2 EL feiner Rohrzucker
1 EL Meersalz
1 kleine Karotte, gerieben

**Für die Nudeln**

2 Nester getrocknete Reis-Vermicelli
1 Salatherz, in feine Streifen geschnitten
¼ Gurke, Kerngehäuse entfernt und diagonal in Stücke geschnitten
1 kleine Handvoll Minze, grob gehackt
1 kleine Handvoll Koriander, grob gehackt
6 vietnamesische Frühlingsrollen (TK oder Take-away)

**Für das Dressing**

2 EL feiner Rohrzucker
2 EL Limettensaft
3 EL vietnamesische Fischsauce
2 große Knoblauchzehen, gerieben
1 rote Bird's-Eye-Chilischote, fein gehackt

**»Bun« ist eigentlich einfach nur das vietnamesische Wort für Reis-Vermicelli, manchmal wird aber auch ein mit diesen Nudeln zubereiteter Salat so genannt. Dabei werden die Nudeln lauwarm mit Gurken, eingelegten Karotten und eingelegtem Rettich, grünem Salat, verschiedenen Kräutern und einem frischen Dressing serviert. Mit Rindfleisch wird daraus ein Gericht namens Bun Bo Xao, serviert man hingegen vietnamesische Frühlingsrollen dazu, nennt man es Bun Cha Gio – mein absolutes Lieblings-Reisnudel-Gericht!**

**Frühlingsrollen selbstzumachen macht zwar Spaß, ist aber relativ zeitaufwendig, daher verwende ich für dieses Rezept fertige Frühlingsrollen. Ich habe mir mittlerweile angewöhnt, immer wenn ich bei meinem Lieblingsvietnamesen ein Bánh mì esse, auch ein paar Frühlingsrollen mitzunehmen. Man gibt sie einfach in den Kühlschrank und muss sie dann nur kurz in der Heißluftfritteuse erhitzen, in der Pfanne nochmals anbraten oder im Backofen aufwärmen – und schon kann man jederzeit Bun zubereiten! In vielen Asiamärkten gibt es außerdem auch leckere tiefgekühlte Frühlingsrollen.**

**Traditionell wird Bun mit eingelegtem Rettich und eingelegten Karotten serviert. Hier verwende ich nur Karotten, da es meist nicht so einfach ist, einen kleinen Rettich zu finden, den man auf einmal aufbrauchen kann, sodass oft relativ viel übrig bleibt. Aber wenn Sie Lust darauf haben, spricht natürlich nichts gegen eingelegten Rettich! Man kann auch eine größere Menge eingelegtes Gemüse zubereiten und dann etwa am nächsten Tag für selbst gemachte Bánh mì verwenden – dabei sollte man nur darauf achten, Karotten und Rettich immer im Verhältnis 1:1 zu verwenden.**

**1** Den Backofen auf 180 °C vorheizen (falls Sie keine Heißluftfritteuse verwenden).

**2** Für die schnell eingelegten Karotten Reisessig, Zucker, Salz und 3 EL Wasser in eine kleine Schüssel geben und verrühren, bis sich der Zucker und das Salz aufgelöst haben. Die Karotten dazugeben, alles gut vermischen und dann ziehen lassen. In der Zwischenzeit die übrigen Zutaten vorbereiten.

⟶

3 Für das Dressing Zucker, Limettensaft, Fischsauce, Knoblauch und Chilischoten sowie 100 ml heißes Wasser in einen Krug geben und gut verrühren. Das Dressing anschließend in zwei kleine Schüsseln geben und separat zu den Nudeln reichen.

4 Salat, Gurken und Kräuter auf den Nudeln verteilen.

5 Falls Sie TK-Frühlingsrollen verwenden, diese nach Packungsangabe zubereiten, Take-away-Frühlingsrollen einfach in die Heißluftfritteuse geben und 6 Minuten bei 200 °C erhitzen oder im vorgeheizten Backofen 15 Minuten backen, bis sie heiß und knusprig sind. Die fertigen Frühlingsrollen in je drei Teile schneiden und auf die Nudeln geben.

6 Die eingelegten Karotten aus der Einlegeflüssigkeit nehmen, gut abtropfen lassen, ebenfalls auf den Nudeln verteilen und diese dann sofort servieren, sodass die Frühlingsrollen noch heiß sind.

# Bezugsquellen

Die meisten Zutaten finden Sie in gut sortierten Asialäden in ihrer Nähe.

In den hier angeführten Onlineshops findet man darüberhinaus eine große Auswahl an typischen ost-und südostasiatischen Zutaten, haltbaren Produkten, sowie nützliches Zubehör.

TUK TUK MART

tuktukmart.co.uk

Philippinische, malaysische und indonesische Zutaten

ORIENTAL MART

orientalmart.co.uk

Frische sowie TK-Ware und haltbare Zutaten

STARRY MART

starrymart.co.uk

Große Auswahl an japanischen und koreanischen Zutaten

SOUS CHEF

souschef.co.uk

Verschiedenste Zutaten und Produkte

WING YIP

wingyip.com

Verschiedenste haltbare asiatische Zutaten

H MART

hmart.com

Frische sowie TK-Ware und haltbare Zutaten aus Korea

SUSHI SUSHI

sushisushi.co.uk

Große Auswahl an japanischen Zutaten und Zubehör

JAPAN CENTRE

japancentre.com

Große Auswahl an japanischen Zutaten

MALA MARKER

themalamarket.com

Qualitativ hochwertige Zutaten aus Szechuan

EFOODDEPOT

efooddepot.com

Große Auswahl an japanischen und thailändischen Zutaten

YAMIBUY

yamibuy.com

Große Auswahl an japanischen, koreanischen und chinesischen Zutaten

BOROUGH BROTH CO

boroughbroth.co.uk

Ich liebe die Brühen von Borough Broth Co aufgrund ihres wunderbar intensiven Geschmacks. Man kann sie gut einfrieren und hat so jederzeit eine tolle Brühe zur Hand.

KOYA

koya.co.uk

Bei Koya sind frische Udon-Nudeln und Dashi-Brühe erhältlich.

# Weiterlesen

## Websites

KOREANBAPSANG.COM

Auf dem Blog des Foodjournalisten Ro Hyo-sun findet man ein tolles Rezept für Japchae mit Rindfleisch.

REDHOUSESPICE.COM

Ich liebe Wei Guos Rezept für Tomatenrührei!

SHESIMMERS.COM

Leela Punyaratabandhu hat auf ihrem Blog zahlreiche Infos zu Pad Thai zusammengetragen. Dort erfährt man alles über dieses tolle Gericht, was man sich nur wünschen kann – Empfehlung für alle, die ihr Pad Thai perfektionieren möchten!

MAANGCHI.COM

Maangchi alias Emily Kim ist eine koreanische Youtuberin und Rezeptentwicklerin. Ich liebe ihre Rezepte, weil sie wunderbar einfach sind – und ihre Videos, weil sie unglaublich lustig sind!

JUSTONECOOKBOOK.COM

Hier findet man die leckeren modernen japanischen Rezepte von Nami.

THEWOKSOFLIFE.COM

Dieser Familien-Blog ist einer meiner absoluten Lieblingsblogs! Hier findet man unzählige Rezepte und Tutorials für chinesische Gerichte – und es gibt ihn mittlerweile sogar als Buch!

OMNIVORESCOOKBOOK.COM

Hier findet man moderne chinesische Rezepte von der Schriftstellerin, Rezeptentwicklerin und Fotografin Maggie Zhu.

## Kochbücher

Pippa Middlehurst
**Ramen, Bowls & Dumplings**
ISBN 978-3-8310-4351-4

Juna Jung
**Koreanische Küche:**
**100 Rezepte für Bibimbap, Kimchi und Co.**
ISBN 978-3-8310-4788-8

Maori Murota
**Japan Home Kitchen**
ISBN 978-3-8310-4688-1

Jeremy Pang
**School of Wok**
ISBN 978-3-8310-4577-8

Vivek Singh
**Curry: Die 120 besten Rezepte von Indien bis Afrika**
ISBN 978-3-8310-4385-9

Uyen Luu
**Vietnameasy: So einfach ist die vietnamesische Küche**
ISBN 978-3-8310-4318-7

Tim Anderson
**Japaneasy: So einfach ist die japanische Küche**
ISBN 978-3-8310-4253-1

# Register


**a**

Aal: Unagi-Soba 78

**b**

Bambussprossen: Mazesoba mit Lachs 148
BBQ-Hähnchen-Nudeln 114
Blattgemüse: Mehr-davon-Nudeln 27
Mitternachtsnudeln mit Dumplings 44
Scharfe Nudelsuppe mit Meeresfrüchten 26
*siehe auch* einzelne Gemüsesorten
Blattkohl: Goldene Nudelsuppe 48
Breite Reisnudeln (Sticks) 16
Brokkoli: Gebratene Nudeln mit Rindfleisch und Brokkoli 101
Nudeln mit Brokkoli und Cashew-Satay-Hähnchen 152
Pad See Ew 117
Schneller Soba-Nudel-Salat 142
Soba-Nudeln mit wildem Brokkoli und grünem Spargel 65
Brühe: Scharf-saure Chili-Öl-Brühe mit Weizennudeln 82
Schnelle, scharfe Rindersuppe mit Nudeln 141

**c**

Chilischoten 10
Gebratene Nudeln mit Spiegelei 77
Nudeln mit Brokkoli und Cashew-Satay-Hähnchen 152
Nudeln mit fermentierten Bohnen und Rindfleisch 118
Nudeln mit fermentierten Bohnen und Tofu 122
Nudeln mit grünen Bohnen nach Szechuan-Art 147
Nudeln mit Rindfleisch und gegrillten Frühlingszwiebeln 151
Nudeln mit Schwarzer-Bohnen-Paste und Pilzen 111
Nudeln mit Thai-Kokos-Curry 87
Salt and Pepper Nudeln mit Tintenfisch 104
Scharfe Nudeln mit Rührei 62
Scharfe Reste-Udon mit Meeresfrüchten 109–110
Soba-Nudeln mit wildem Brokkoli und grünem Spargel 65
Spaghetti Bangkok-Style 66
Vermicelli mit Ente 113
Vietnamesische Reisnudeln mit Frühlingsrollen 162–164
Chinakohl: Nudeln mit Fleischbällchen 137
Gebratene Nudeln süßsauer 134
Choi Sum: Garnelen-Tempura-Soba 129
Lo Mein mit Riesengarnelen 98
Mit heißem Öl übergossene Nudeln 58
Cremige Miso-Pilz-Udon-Nudeln 125
Curry: Mazemen mit Chicken Nuggets 57
Nudeln mit Brokkoli und Cashew-Satay-Hähnchen 152
Nudeln mit Thai-Kokos-Curry 87
Winterliches Rindfleischcurry mit Udon-Nudeln 126

**d**

Dan Dan Mian, schnelle, scharfe 75
Doubanjiang: Nudeln mit Doubanjiang und Aubergine 130
Schnelle, scharfe Rindersuppe mit Nudeln 141
Dumplings, Mitternachtsnudeln mit 44

**e**

Edamame: Unagi-Soba 78
Eier 10
Englisches-Frühstück-Yakisoba 106
Filmabend-Ramen 47
Gebratene Nudeln mit Spiegelei 77
Gebratene Nudeln süßsauer 134
Japchae mit Rindfleisch 155–156
Mazemen mit Chicken Nuggets 57
Mazesoba mit Lachs 148
Meine liebsten Kohlnudeln 121
Mit heißem Öl übergossene Nudeln 58
Nudeln mit Schweinebauch und Kohl-Omelett 81
Nudeln mit Tomatenrührei 35
One-Pot-Kimchi-Ramen 51
Ramen mit Brathähnchen 157–158
Scharf-saure Chili-Öl-Brühe mit Weizennudeln 82
Scharfe Nudeln mit Rührei 62
Schnelle Knoblauch-Miso-Ramen 91
Soba-Nudeln mit geschmorten Tomaten 161
Supercremige Lap-Cheong-Spaghetti 61
Unagi-Soba 78
Unter-der-Woche-Pad-Thai 102
Eiernudeln 12
Gebratene Nudeln mit Rindfleisch und Brokkoli 101
Gebratene Nudeln mit Spiegelei 77
Gebratene Nudeln süßsauer 134
Lo Mein mit Riesengarnelen 98
Mehr-davon-Nudeln 27
Nudeln mit Brokkoli und Cashew-Satay-Hähnchen 152
Nudeln mit fermentierten Bohnen und Rindfleisch 118
Nudeln mit fermentierten Bohnen und Tofu 122
Nudeln mit grünen Bohnen nach Szechuan-Art 147
Nudeln mit Thai-Kokos-Curry 87
Salt and Pepper Nudeln mit Tintenfisch 104
Einfache Sesam-Soba-Nudeln 54
Englisches-Frühstück-Yakisoba 106
Erbsen: Goldene Nudelsuppe 48
Nudeln mit Schweinebauch und Kohl-Omelett 81
Peggys Nudeln 97
Soba-Nudeln mit Makrelen 43
Winterliches Rindfleischcurry mit Udon-Nudeln 126
Erdnüsse: Nudeln mit Brokkoli und Cashew-Satay-Hähnchen 152
Nudeln mit Rindfleisch und gegrillten Frühlingszwiebeln 151
Unter-der-Woche-Pad-Thai 102

**f**
Feuernudeln, nicht atomare 94
Filmabend-Ramen 47
Fischbällchen: Scharfe Reste-Udon mit Meeresfrüchten 109–110

Fleischbällchen: Nudeln mit Fleischbällchen 137
Frischkäse: Supercremige Lap-Cheong-Spaghetti 61
Frühlingsrollen, Reisnudeln mit 162–164
Frühlingszwiebeln: After-Party-Nudeln mit Hähnchen und Pilzen 133
BBQ-Hähnchen-Nudeln 114
Cremige Miso-Pilz-Udon-Nudeln 125
Englisches-Frühstück-Yakisoba 106
Gebratene Nudeln mit Rindfleisch und Brokkoli 101
Homestyle Ho Fun mit Rindfleisch 69
Lo Mein mit Riesengarnelen 98
Nudeln mit Brokkoli und Cashew-Satay-Hähnchen 152
Nudeln mit fermentierten Bohnen und Rindfleisch 118
Nudeln mit fermentierten Bohnen und Tofu 122
Nudeln mit Fleischbällchen 137
Nudeln mit Rindfleisch und gegrillten Frühlingszwiebeln 151
Ramen mit Brathähnchen 157–158
Salt and Pepper Nudeln mit Tintenfisch 104
Scharfe Reste-Udon mit Meeresfrüchten 109–110
Schnelle, scharfe Rindersuppe mit Nudeln 141
Soba-Nudeln mit wildem Brokkoli und grünem Spargel 65
Unter-der-Woche-Pad-Thai 102
Vermicelli mit Ente 113

**g**
Garnelen-Wantans: Wantan-Nudelsuppe 88
Garnelen: Garnelen-Tempura-Soba 129
Gebratene Nudeln süßsauer 134
Lo Mein mit Riesengarnelen 98
Nudeln mit Riesengarnelen und XO-Butter-Sauce 32
Peggys Nudeln 97
Scharfe Reste-Udon mit Meeresfrüchten 109–110
Spaghetti Bangkok-Style 66
Unter-der-Woche-Pad-Thai 102
Gebratene Nudeln süßsauer 134
Gefrierfach 11
Gochujang: BBQ-Hähnchen-Nudeln 114
Gebratene Nudeln mit Kimchi und Honig 34
Kalte scharfe koreanische Nudeln 52
Keine nuklearen Feuernudeln 94
One-Pot-Kimchi-Ramen 51
Scharfe Reste-Udon mit Meeresfrüchten 109
Goldene Nudelsuppe 48
grüne Bohnen: Nudeln mit grünen Bohnen nach Szechuan-Art 147
Spicy-Tofu-Nudeln 39
Gurke: Jajangmyeon 138
Kalte scharfe koreanische Nudeln 52
Nudeln mit Rindfleisch und gegrillten Frühlingszwiebeln 151
Nudeln mit Schwarzer-Bohnen-Paste und Pilzen 111
Unagi-Soba 78
Vietnamesische Reisnudeln mit Frühlingsrollen 162–164

**h**
Hähnchen: After-Party-Nudeln mit Hähnchen und Pilzen 133
BBQ-Hähnchen-Nudeln 114
Einfache Sesam-Soba-Nudeln 54
Goldene Nudelsuppe 48
Keine nuklearen Feuernudeln 94
Mazemen mit Chicken Nuggets 57
Mehr-davon-Nudeln 27
Nudeln mit Brokkoli und Cashew-Satay-Hähnchen 152
Nudeln mit Thai-Kokos-Curry 87
Ramen mit Brathähnchen 157–158
Handschuhe, lebensmittelechte 18
Heißluftfritteuse 18
Ho-Fun-Nudeln 16
Homestyle Ho Fun mit Rindfleisch 69

**i**
Ingwer: Goldene Nudelsuppe 48
Instant-Nudeln 24–25
Mehr-davon-Nudeln 27
Scharfe Nudelsuppe mit Meeresfrüchten 26

**j**
Jajangmyeon 138

**k**
Kalte scharfe koreanische Nudeln 52
Karotten: Einfache Sesam-Soba-Nudeln 54
Gebratene Nudeln süßsauer 134
Japchae mit Rindfleisch 155–156
Lo Mein mit Riesengarnelen 98
Nudeln mit Rindfleisch und gegrillten Frühlingszwiebeln 151
Peggys Nudeln 97
Schneller Soba-Nudel-Salat 142
Vermicelli mit Ente 113
Winterliches Rindfleischcurry mit Udon-Nudeln 126
Kartoffeln: Jajangmyeon 138
Keine nuklearen Feuernudeln 94
Kimchi: Gebratene Nudeln mit Kimchi und Honig 34
Kalte scharfe koreanische Nudeln 52
One-Pot-Kimchi-Ramen 51
Knoblauch: After-Party-Nudeln mit Hähnchen und Pilzen 133
BBQ-Hähnchen-Nudeln 114
Gebratene Nudeln mit Rindfleisch und Brokkoli 101
Gebratene Nudeln mit Spiegelei 77
Gebratene Nudeln süßsauer 134
Knoblauchbutter-Miso-Nudeln 36

Mit heißem Öl übergossene Nudeln 58
Nudeln mit fermentierten Bohnen und Rindfleisch 118
Nudeln mit grünen Bohnen nach Szechuan-Art 147
Nudeln mit Schwarzer-Bohnen-Paste und Pilzen 111
Pad See Ew 117
Salt and Pepper Nudeln mit Tintenfisch 104
Scharfe Reste-Udon mit Meeresfrüchten 109–110
Schnelle Knoblauch-Miso-Ramen 91
Schnelle, scharfe Rindersuppe mit Nudeln 141
Soba-Nudeln mit geschmorten Tomaten 161
Spaghetti Bangkok-Style 66
Spaghetti mit Knoblauch, Garnelen und Butter 70
Unter-der-Woche-Pad-Thai 102
Vietnamesische Reisnudeln mit Frühlingsrollen 162–164
Winterliches Rindfleischcurry mit Udon-Nudeln 126
Kokosmilch: Nudeln mit Brokkoli und Cashew-Satay-Hähnchen 152
Nudeln mit Thai-Kokos-Curry 87
Koriander: Gebratene Nudeln mit Spiegelei 77
Goldene Nudelsuppe 48
Nudeln mit Thai-Kokos-Curry 87
Salt and Pepper Nudeln mit Tintenfisch 104
Schnelle, scharfe Rindersuppe mit Nudeln 141
Schneller Soba-Nudel-Salat 142
Soba-Nudeln mit wildem Brokkoli und grünem Spargel 65
Vietnamesische Reisnudeln mit Frühlingsrollen 162–164
Küchenreibe, feine 18
Kurkuma: Goldene Nudelsuppe 48

**l**

Lap Cheong (chinesische Wurst): Supercremige Lap-Cheong-Spaghetti 61
Lauch: Schnelle Knoblauch-Miso-Ramen 91
lebensmittelechte Handschuhe 18
Limetten: Schneller Soba-Nudel-Salat 142
Soba-Nudeln mit wildem Brokkoli und grünem Spargel 65
Lo-Mein-Nudeln 12
Lo Mein mit Riesengarnelen 98
Salt and Pepper Nudeln mit Tintenfisch 104

**m**

Mais: After-Party-Nudeln mit Hähnchen und Pilzen 133
Mazemen mit Chicken Nuggets 57
Makrelen: Soba-Nudeln mit Makrelen 43
Mazesoba mit Lachs 148
Meeresfrüchte: Auftauen 11
Scharfe Nudelsuppe mit Meeresfrüchten 26
*siehe auch* Garnelen, Tintenfisch
Mehr-davon-Nudeln 27
Messlöffel 18
Minze: Schneller Soba-Nudel-Salat 142
Vietnamesische Reisnudeln mit Frühlingsrollen 162–164
Misopaste: Cremige Miso-Pilz-Udon-Nudeln 125
Knoblauchbutter-Miso-Nudeln 36
Schnelle Knoblauch-Miso-Ramen 91
Soba-Nudeln mit geschmorten Tomaten 161
Supercremige Lap-Cheong-Spaghetti 61
Mit heißem Öl übergossene Nudeln 58
Mitternachtsnudeln mit Dumplings 44
Mu-Err-Pilze: Cremige Miso-Pilz-Udon-Nudeln 125
Ramen mit Brathähnchen 157–158
Scharf-saure Chili-Öl-Brühe mit Weizennudeln 82
Mungbohnennudeln 16
Meine liebsten Kohlnudeln 121
Muscheln: Scharfe Reste-Udon mit Meeresfrüchten 109–110

**n**

Nudeln für ein langes Leben 12
Nudeln mit Brokkoli und Cashew-Satay-Hähnchen 152
Nudeln mit Doubanjiang und Aubergine 130
Nudeln mit Fleischbällchen 137
Nudeln mit grünen Bohnen nach Szechuan-Art 147
Nudeln: Zusammenkleben verhindern 21
Nudelsorten 12–17

**o**

Omelett: Japchae mit Rindfleisch 155–156
Nudeln mit Schweinebauch und Kohl-Omelett 81
One-Pot-Kimchi-Ramen 51

**p**

Pad See Ew 117
Pad Thai, Unter-der-Woche- 102
Pak Choi: Garnelen-Tempura-Soba 129
Japchae mit Rindfleisch 155–156
Lo Mein mit Riesengarnelen 98
Mit heißem Öl übergossene Nudeln 58
Nudeln mit Riesengarnelen und XO-Butter-Sauce 32
Scharf-saure Chili-Öl-Brühe mit Weizennudeln 82
Schnelle, scharfe Rindersuppe mit Nudeln 141
Vermicelli mit Ente 113
Palmkohl: Nudeln mit Schweinebauch und Kohl-Omelett 81
Winterliches Rindfleischcurry mit Udon-Nudeln 126
Paprika: Japchae mit Rindfleisch 155–156
Nudeln mit fermentierten Bohnen und Rindfleisch 118
Nudeln mit fermentierten Bohnen und Tofu 122
Salt and Pepper Nudeln mit Tintenfisch 104
Spaghetti Bangkok-Style 66
Peggys Nudeln 97
Pfannen 18
Pfannen 18
Pho-Nudeln 16
Nudeln mit Rindfleisch und gegrillten Frühlingszwiebeln 151
Pilze: After-Party-Nudeln mit Hähnchen und Pilzen 133
Cremige Miso-Pilz-Udon-Nudeln 125
Englisches-Frühstück-Yakisoba 106
Goldene Nudelsuppe 48
Japchae mit Rindfleisch 155–156
Mehr-davon-Nudeln 27
Meine liebsten Kohlnudeln 121
Nudeln mit Schwarzer-Bohnen-Paste und Pilzen 111

Peggys Nudeln 97
Ramen mit Brathähnchen 157–158
Schnelle Gemüse-Yakisoba 55
Pistazien: Schneller Soba-Nudel-Salat 142
Portobello-Pilze: Cremige Miso-Pilz-Udon-Nudeln 125

**r**

Ramen-Nudeln 13
Filmabend-Ramen 47
Keine nuklearen Feuernudeln 94
Mazemen mit Chicken Nuggets 57
Mitternachtsnudeln mit Dumplings 44
One-Pot-Kimchi-Ramen 51
Ramen mit Brathähnchen 157–158
Schnelle Knoblauch-Miso-Ramen 91
Reis-Vermicelli 16
Goldene Nudelsuppe 48
Vermicelli mit Ente 113
Vietnamesische Reisnudeln mit Frühlingsrollen 162–164
Reisnudeln 16
Homestyle Ho Fun mit Rindfleisch 69
Pad See Ew 117
Unter-der-Woche-Pad-Thai 102
Riesengarnelen: Gebratene Nudeln süßsauer 134
Lo Mein mit Riesengarnelen 98
Nudeln mit Riesengarnelen und XO-Butter-Sauce 32
Peggys Nudeln 97
Scharfe Reste-Udon mit Meeresfrüchten 109–110
Spaghetti Bangkok-Style 66
Spaghetti mit Knoblauch, Garnelen und Butter 70
Unter-der-Woche-Pad-Thai 102
Rindfleisch: Gebratene Nudeln mit Rindfleisch und Brokkoli 101
Homestyle Ho Fun mit Rindfleisch 69
Japchae mit Rindfleisch 155–156
Nudeln mit fermentierten Bohnen und Rindfleisch 118
Nudeln mit Rindfleisch und gegrillten Frühlingszwiebeln 151
Schnelle, scharfe Dan Dan Mian 75
Schnelle, scharfe Rindersuppe mit Nudeln 141
Winterliches Rindfleischcurry mit Udon-Nudeln 126
Rotkohl: Schneller Soba-Nudel-Salat 142

**s**

Salat, schneller Soba-Nudel- 142
Salatherzen: Vietnamesische Reisnudeln mit Frühlingsrollen 162–164
Salatherzen: Vietnamesische Reisnudeln mit Frühlingsrollen 162–164
Salt and Pepper Nudeln mit Tintenfisch 104
Sardellen: Spaghetti Bangkok-Style 66
Scharf-saure Chili-Öl-Brühe mit Weizennudeln 82
Scharfe Nudeln mit Rührei 62
Scharfe Nudelsuppe mit Meeresfrüchten 26
Scharfe Reste-Udon mit Meeresfrüchten 109–110
Schinken: Filmabend-Ramen 47
Schnelle Gemüse-Yakisoba 55
Schnelle Knoblauch-Miso-Ramen 91
Schnelle, scharfe Dan Dan Mian 75
Schnelle, scharfe Rindersuppe mit Nudeln 141
Schneller Soba-Nudel-Salat 142
Schüsseln 18
Schwarze-Bohnen-Paste: Jajangmyeon 138
Nudeln mit Schwarzer-Bohnen-Paste und Pilzen 111
schwarze Bohnen (fermentiert): Nudeln mit fermentierten Bohnen und Rindfleisch 118
Nudeln mit fermentierten Bohnen und Tofu 122
Schweinefleisch: Jajangmyeon 138
Nudeln mit grünen Bohnen nach Szechuan-Art 147
Nudeln mit Schweinebauch und Kohl-Omelett 81
Pad See Ew 117
Schnelle Knoblauch-Miso-Ramen 91
Soba-Nudeln mit geschmorten Tomaten 161
Sesampaste: Einfache Sesam-Soba-Nudeln 54
Szechuan-Sesamnudeln 31
Shiitake-Pilze: Cremige Miso-Pilz-Udon-Nudeln 125
Japchae mit Rindfleisch 155–156
Meine liebsten Kohlnudeln 121
Nudeln mit Doubanjiang und Aubergine 130
Nudeln mit Schwarzer-Bohnen-Paste und Pilzen 111
Schnelle Gemüse-Yakisoba 55
Shimeji-Pilze: Cremige Miso-Pilz-Udon-Nudeln 125
Goldene Nudelsuppe 48
Soba-Nudeln 17
Einfache Sesam-Soba-Nudeln 54
Garnelen-Tempura-Soba 129
Peggys Nudeln 97
Schneller Soba-Nudel-Salat 142
Soba-Nudeln mit geschmorten Tomaten 161
Soba-Nudeln mit Makrelen 43
Soba-Nudeln mit wildem Brokkoli und grünem Spargel 65
Spicy-Tofu-Nudeln 39
Unagi-Soba 78
Sojasauce: Japchae mit Rindfleisch 155–156
Spaghetti mit Knoblauch, Garnelen und Butter 70
Sojasprossen: Cremige Miso-Pilz-Udon-Nudeln 125
Gebratene Nudeln süßsauer 134
Homestyle Ho Fun mit Rindfleisch 69
Lo Mein mit Riesengarnelen 98
Nudeln mit Thai-Kokos-Curry 87
Scharfe Nudelsuppe mit Meeresfrüchten 26
Schnelle Knoblauch-Miso-Ramen 91
Unter-der-Woche-Pad-Thai 102
Vermicelli mit Ente 113
Sōmen-Nudeln 13
Kalte scharfe koreanische Nudeln 52
Mazesoba mit Lachs 148
Vegane Gemüse-Reste-Nudeln 73
Spaghetti 17
Knoblauchbutter-Miso-Nudeln 36
Nudeln mit Riesengarnelen und XO-Butter-Sauce 32
Spaghetti Bangkok-Style 66
Spaghetti mit Knoblauch, Garnelen und Butter 70
Supercremige Lap-Cheong-Spaghetti 61

Spargel: Soba-Nudeln mit wildem Brokkoli und grünem Spargel 65
Speck: Englisches-Frühstück-Yakisoba 106
Spicy-Tofu-Nudeln 39
Sriracha-Sauce: Keine nuklearen Feuernudeln 94
Salt and Pepper Nudeln mit Tintenfisch 104
Sticks, breite Reisnudeln 16
Supercremige Lap-Cheong-Spaghetti 61
Suppen: Goldene Nudelsuppe 48
Scharfe Nudelsuppe mit Meeresfrüchten 26
Wantan-Nudelsuppe 88
Süßkartoffel-Glasnudeln (Dangmyeon-Nudeln) 16
Japchae mit Rindfleisch 155–156
Szechuan-Sesamnudeln 31

**t**

taiwanesische Nudeln 13
After-Party-Nudeln mit Hähnchen und Pilzen 133
Mit heißem Öl übergossene Nudeln 58
Nudeln mit Schwarzer-Bohnen-Paste und Pilzen 111
Taiwanesische Nudeln mit Schalottensauce 40
Tamarinde: Unter-der-Woche-Pad-Thai 102
Techniken 21
Tintenfisch: Salt and Pepper Nudeln mit Tintenfisch 104
Scharfe Reste-Udon mit Meeresfrüchten 109–110
Tofu: Nudeln mit fermentierten Bohnen und Tofu 122
Nudeln mit Thai-Kokos-Curry 87
Spicy-Tofu-Nudeln 39
Unter-der-Woche-Pad-Thai 102
Tomaten: Nudeln mit Tomatenrührei 35
Schnelle, scharfe Rindersuppe mit Nudeln 141
Soba-Nudeln mit geschmorten Tomaten 161

**u**

Udon-Nudeln 13
Cremige Miso-Pilz-Udon-Nudeln 125
Scharfe Reste-Udon mit Meeresfrüchten 109–110
Winterliches Rindfleischcurry mit Udon-Nudeln 126
Unagi-Soba 78
Unter-der-Woche-Pad-Thai 102

**v**

vegane Rezepte: Nudeln mit Doubanjiang und Aubergine 130
Nudeln mit Schwarzer-Bohnen-Paste und Pilzen 111
Soba-Nudeln mit wildem Brokkoli und grünem Spargel 65
Szechuan-Sesamnudeln 31
Vegane Gemüse-Reste-Nudeln 73
vegetarische Rezepte: Cremige Miso-Pilz-Udon-Nudeln 125
Gebratene Nudeln mit Kimchi und Honig 34
Gebratene Nudeln mit Spiegelei 77
Knoblauchbutter-Miso-Nudeln 36
Mit heißem Öl übergossene Nudeln 58
Nudeln mit fermentierten Bohnen und Tofu 122
Nudeln mit Tomatenrührei 35
Scharfe Nudeln mit Rührei 62
Spicy-Tofu-Nudeln 39
Vegane Gemüse-Reste-Nudeln 73
Vermicelli mit Ente 113
*siehe auch* Reis-Vermicelli
Vorbereitung und Techniken 21

**w**

Wantan-Nudeln 12
Wantan-Nudelsuppe 88
Weißkohl: Jajangmyeon 138
Meine liebsten Kohlnudeln 121
Schnelle Gemüse-Yakisoba 55
*siehe auch* Chinakohl, Rotkohl
Weizennudeln 13
BBQ-Hähnchen-Nudeln 114
Gebratene Nudeln mit Kimchi und Honig 34
Jajangmyeon 138
Kalte scharfe koreanische Nudeln 52
Mazesoba mit Lachs 148
Nudeln mit Doubanjiang und Aubergine 130
Nudeln mit Fleischbällchen 137
Nudeln mit Schweinebauch und Kohl-Omelett 81
Nudeln mit Tomatenrührei 35
Scharf-saure Chili-Öl-Brühe mit Weizennudeln 82
Scharfe Nudeln mit Rührei 62
Schnelle, scharfe Dan Dan Mian 75
Schnelle, scharfe Rindersuppe mit Nudeln 141
Szechuan-Sesamnudeln 31
Winterliches Rindfleischcurry mit Udon-Nudeln 126
Wok 18
Wok Hei 21

**x**

XO-Sauce: Nudeln mit Riesengarnelen und XO-Butter-Sauce 32

**y**

Yakisoba-Nudeln 17
Englisches-Frühstück-Yakisoba 106
Schnelle Gemüse-Yakisoba 55

**z**

Zubehör 18
Zucchini: BBQ-Hähnchen-Nudeln 114
Jajangmyeon 138
Mazesoba mit Lachs 148
Nudeln mit Thai-Kokos-Curry 87
Scharfe Reste-Udon mit Meeresfrüchten 109–110
Spaghetti mit Knoblauch, Garnelen und Butter 70
Zutaten 10, 22–23
Zwiebeln: Jajangmyeon 138
Schnelle, scharfe Rindersuppe mit Nudeln 141
Winterliches Rindfleischcurry mit Udon-Nudeln 126
*siehe auch* Frühlingszwiebeln

# Danksagung

Bis ein Kochbuch wie dieses in Ihrer Küche zum Einsatz kommen kann, arbeiten unglaublich viele Leute daran – und der erste Schritt ist immer der, dass jemand daran glaubt, dass es sich lohnt, eine Idee tatsächlich in ein Buch zu verwandeln. Daher möchte ich mich vor allem bei meiner Lektorin Stacey bedanken, die immer an mich geglaubt und meiner Arbeit vertraut hat. Vielen Dank auch an Hannah und Emily, die meinen Büchern mit ihrer unglaublichen Kreativität Leben einhauchen, und an India und Magnus, die mein Essen so wunderbar auf Fotos gebannt haben und dabei immer für eine tolle Stimmung am Set sorgten. Danke auch an Tamara, Emma und Charlotte, die meine Rezepte noch zehnmal leckerer wirken lassen, und an Ruth und das gesamte Team für alles, was sie hinter den Kulissen getan haben, damit dieses Buch seinen Weg in die Welt finden konnte.

Dieses Buch und der Großteil der Fotos entstanden, als ich aufgrund meiner Autoimmunerkrankung gerade eine ziemlich schlimme Zeit durchmachte – und ohne die Unterstützung vieler lieber Menschen wäre das ganze Projekt daher schlicht nicht möglich gewesen. Zuhause hat Sloth den Großteil der Hausarbeit übernommen und sich um die Kinder gekümmert, damit ich an diesem Buch arbeiten konnte. Und beim Fotoshooting war das gesamte Team einfach unglaublich – während ich den Großteil der Zeit liegend auf einer Couch am Set verbringen musste. Danke an jede einzelne Person, die in irgendeiner Form an diesem Buch beteiligt war – für all die Geduld und dafür, dass ihr mir den Druck und den Stress genommen habt, als ich mehr Zeit brauchte. Vielen, vielen Dank!

DK | Penguin Random House

Für die deutsche Ausgabe:
**Verlagsleitung** Monika Schlitzer
**Programmleitung** Heike Fassbender
**Projektbetreuung** Julia Sommer
**Herstellungsleitung** Dorothee Whittaker
**Herstellungskoordination** Katharina Schäfer
**Herstellung** Sophie Schiela

**Übersetzung** Daniela Schmid
**Lektorat** Bettina Dietrich

Titel der englischen Originalausgabe: Simple Noodles

Der Originaltitel erschien 2023 in Großbritannien bei Quadrille, einem Imprint von Hardie Grant.



**Fotografie** India Hobson & Magnus Edmondson
**Foodstyling** Tamara Vos
**Foodstyling Assistenz** Emma Cantlay & Charlotte Whatcott
**Requisite** Max Robinson

ISBN 978-3-8310-4931-8

**Producing** Print Company Verlagsges.m.b.H., Wien
**Druck und Bindung** Leo Paper Products, China

FSC www.fsc.org MIX Papier | Fördert gute Waldnutzung FSC™ C020056

**www.dk-verlag.de**